李白的长安道

海滨 著

Li Bai:
A Poet Travelling
on the Way to Chang'an

人民文学出版社

图书在版编目（CIP）数据

李白的长安道/海滨著． -- 北京：人民文学出版社，2024.（2024.12重印） --ISBN 978-7-02-018784-3

Ⅰ．K825.6

中国国家版本馆 CIP 数据核字第 2024CZ2972 号

责任编辑	李　俊
装帧设计	刘　远
责任校对	杨益民
责任印制	王重艺

出版发行	人民文学出版社
社　　址	北京市朝内大街166号
邮政编码	100705

| 印　　刷 | 三河市中晟雅豪印务有限公司 |
| 经　　销 | 全国新华书店等 |

字　　数	137千字
开　　本	850毫米×1168毫米　1/32
印　　张	8.5　插页3
印　　数	8001—11000
版　　次	2024年8月北京第1版
印　　次	2024年12月第2次印刷

| 书　　号 | 978-7-02-018784-3 |
| 定　　价 | 46.00元 |

如有印装质量问题，请与本社图书销售中心调换。电话：010-65233595

目 录

君不见，那一年（代前言）／ 1

第一章　已将书剑许明时 ／ 1
　　一　含英咀华画屏中 ／ 4
　　二　丈夫未可轻年少 ／ 9
　　三　莫怪无心恋清境 ／ 17

第二章　问余何意栖碧山 ／ 23
　　一　大鹏遇到希有鸟 ／ 26
　　二　桃花岩下度芳年 ／ 32
　　三　这是一把总钥匙 ／ 37

第三章　别意与之谁短长 ／ 43
　　一　行侠仗义重然诺 ／ 46

二　青梅竹马长干行　/　48
　　三　静夜明月寄乡思　/　57

第四章　欲渡黄河冰塞川　/　65
　　一　一入长安弹长剑　/　68
　　二　把酒放歌行路难　/　76
　　三　蜀道尽头是东山　/　82

第五章　与尔同销万古愁　/　85
　　一　但愿一识韩荆州　/　88
　　二　黄河之水天上来　/　94
　　三　醉后嚷出《将进酒》/　98

第六章　仰天大笑出门去　/　105
　　一　异姓天伦元丹丘　/　108
　　二　谪仙不是蓬蒿人　/　111
　　三　一朝君王垂拂拭　/　115

第七章　天子呼来不上船　/　123
　　一　云想衣裳花想容　/　126

二 《清平调词》的六个一 / 131
三 此翰林非彼翰林 / 134

第八章 一去金马成飞蓬 / 145
一 四皓墓前欲断魂 / 148
二 李杜双曜一相逢 / 151
三 天姥连天向天横 / 158

第九章 长安不见使人愁 / 169
一 当年搁笔黄鹤楼 / 172
二 凤凰台上凤凰游 / 179
三 语不惊人死不休 / 185

第十章 缘何白发三千丈 189
一 且探虎穴向沙漠 / 192
二 饭颗山头逢杜甫 / 196
三 还同谢朓望长安 / 199
四 桃花潭水深千尺 / 205

第十一章　不识庐山真面目 / 211

　　一　遥看瀑布挂前川 / 214

　　二　从璘遇难遭长流 / 220

　　三　只是当时已惘然 / 228

第十二章　太白余风激万世 / 233

　　一　朝辞白帝彩云间 / 236

　　二　明月何曾是两乡 / 241

　　三　曾有惊天动地文 / 247

后记 / 253

君不见,那一年

(代前言)

君不见,长安大道横九天,峨眉山月照秦川。

那一年,玉树临风的李白吟唱着《峨眉山月歌》,仗剑去国,辞亲远游,把背影留给故乡,将书剑许给明时,过三峡,入荆楚,在月下飞天镜、云生结海楼的胜境中,拜谒长安面圣归来的帝王师司马承祯,憧憬奋其智能、愿为辅弼的理想前景,遥望八百里秦川,寄心三万里长安,探索气象万千的大道如青天。

君不见,长相思,在长安,举杯断绝歌路难。

那一年,踌躇满志的李白下扬州,游金陵,家安陆,访襄阳,事干谒,寻出路,四处碰壁,颠沛在窘途;乃背负长剑,西游北上,初入秦海,仰瞻天子之居,寻求王公大人之盼顾。

在玉真别馆，秋霖滂沱连绵，李白将宫阙望断，一筹莫展；在长安市井，李白踌躇彷徨，拔剑心茫然；太白山巅叩天关，以手抚膺坐长叹，长安大道行路难。

君不见，彤庭左右呼万岁，拜贺明主收沉沦。

那一年，仙风道骨的李白春游泰山，秋饱鸡黍，忽得天子征召，于是仰天大笑出门去，直上长安彤庭前。长安不再远，大道在眼前。李白此番在长安，有过著书独在金銮殿的荣光，有过云想衣裳花想容的歌唱，也有过花间独酌无相亲的孤独，有过天子呼来不上船的傲岸。明主收了沉沦，也将他赐金放还。熙熙攘攘的长安道上，李白脱颖而出，也零落归山。

君不见，长乐坡前逢杜甫，顶戴笠子日卓午。

那一年，历经沧桑的李白第三次来到长安，根本没有预想到，会在一个赤日炎炎的中午，与头戴斗笠又寒瘦无比的杜甫重逢于长安城的长乐坡前，但这不是目的，因为他是来长安报忧的。李白此番走上长安道，不是为了圆梦，而是为了救危。他亲历河北，探知了安禄山在幽州坐大的异图，忧心如焚，赴京陈情却报国无门。徘徊城阙之下，熬煎五内之中，此际长安已非明时，当日李白犹思报效。

君不见，总为浮云能蔽日，长安不见使人愁。

君不见，一为迁客去长沙，西望长安不见家。

君不见，峨眉山月还送君，风吹西到长安陌。

君不见，闻道金陵龙虎盘，还同谢朓望长安。

君不见，三山怀谢朓，水澹望长安。

君不见，回鞭指长安，西日落秦关。

君不见，却望长安道，空怀恋主情。

离开长安的日子里，李白时时刻刻不敢忘长安，年年岁岁都在望长安，甚至从璘获罪，甚至身陷图圄，甚至长流夜郎，甚至终老当涂，此心亦丝毫未曾改变；离开长安的日子里，李白受道箓，炼金丹，五岳寻仙不辞远，一夜飞度镜湖月，心中也未曾真的放下长安；李白将船买酒白云边，对此可以酣高楼，狂歌痛饮，醉吟漫舞，也未曾真的忘却长安。

圣代复元古，大雅振新声。这是李白一生诸多追求中最核心的两端。

敢效微躯，建功立业，使寰区大定，海县清一，追周比汉，圣代再现，这是士人李白宏伟的政治理想。士人李白的追求离不开长安，李白一生的高光低谷、起起落落、颠沛流离，总是与长安相关，总在长安道上。

文窃四海声，飘然思不群，笔落惊风雨，诗成泣鬼神，赓续诗骚，再振大雅，出以新声，这是诗人李白美好的文学理想。诗人李白的追求与长安若即若离，遥望长安道，逐梦长安道,流连长安道,回望长安道,追忆长安道,一边行走,一边书写……

君不见,诗歌落满长安道,风雅长在天地间。

第一章
已将书剑许明时

> 莫怪无心恋清境,已将书剑许明时。
>
> ——李白《别匡山》

唐中宗神龙元年(705),五岁的李白随家人从遥远的西域碎叶迁徙到绵州昌隆县(先天元年避玄宗讳改名昌明,今四川省江油市),在清廉乡定居。纵观李白从五岁到二十四岁的巴蜀生活时光,最重要的两件事是隐居匡山勤奋读书,到益州、渝州漫游干谒,最终他从匡山走向巫山,从巴蜀走向荆楚,走向无限精彩的新天地,走向盛世大唐的长安城。

李白不是天才吗,天才还需要勤奋读书?他是怎样读书的?

李白不是腰间有傲骨吗,竟然也要奔走干谒?他干谒了哪些权贵,结果如何?

李白为什么要离开风景如画的故乡?他告别故乡的时候,

是毅然决然的，还是依依不舍的？

一　含英咀华画屏中

"白也诗无敌，飘然思不群"。虽然古往今来，人们多以天才、诗仙的美名褒扬李白，但李白的文学成就尤其是诗歌成就实际上是源于广泛多元、长期深入、认真勤勉的读书功夫。

按照一般的教育规律，童子年幼，发蒙启智，宜在私塾或者乡校，日有老师指点，夜有家长督课；及其年长，则进行自主修业。唐代读书人往往喜欢遁迹山林，依傍佛寺道观，在清幽宁静的氛围中潜心经典，苦学不辍。

李白选择的是故乡江油的匡山。匡山坐落于江油西北，李白曾这样描绘匡山美景："晓峰如画参差碧，藤影摇风拂槛垂。野径来多将犬伴，人间归晚带樵随。看云客倚啼猿树，洗钵僧临失鹤池。"差不多有十年时光，就在风景美丽、生气淋漓的匡山画屏之中，李白含英咀华，养学养志。

我们先给大家列一张李白的读书打卡记录。

根据史料记载和李白自述，李白五岁诵六甲；十岁观百家；十岁通诗书；十五观奇书；十五游神仙；十五好剑术；前后三拟

《文选》,不如意,悉焚之……

具体而言,李白"五岁诵六甲,十岁观百家,轩辕以来颇得闻矣"(李白《上安州裴长史书》)。

李白从五岁开始诵读六甲、八音、藏头、歇后等蒙学文字,类似于后代学童背诵《声律启蒙》中的"云对雨,雪对风,晚照对晴空",进行早期的认字学习和初步的格律训练;十岁开始阅览诸子百家之书,轩辕黄帝以来的历史事件差不多都有所了解。

李白"十岁通诗书"(《新唐书》本传)。

这里要注意一下,这"诗书"二字,若加上书名号,变成《诗》《书》,那是专指儒家经典《诗经》《尚书》,这就意味着李白在开蒙之后、遍览诸子之书的同时,重点接受的是儒家的正统教育,十岁对《诗》《书》《礼》《乐》《易》《春秋》等经典已经比较熟悉;这"诗书"二字,若不加书名号,那也代表着李白初步掌握了作诗与书法的基本技能。

我们在李白的读书打卡记录中,看到一连串的"十五岁"——十五观奇书、十五游神仙、十五好剑术,是不是可以想起孔子所谓的"吾十有五而志于学,三十而立,四十而不惑,五十而知天命,六十而耳顺,七十而从心所欲,不逾矩"(《论语·为政》)。出处正在这里。因为李白对儒家经典熟稔,对万世师表孔夫子景仰，所以他大胆效法孔子所谓"吾十有五而志于学"的说法，多次表示自己在十五岁这个重要的年龄节点在各方面都有精进或突破。

李白"十五观奇书，作赋凌相如"（《赠张相镐》其二）。

十五岁的李白已经不满足于大众教育的基本需求，而是自觉地搜求阅读奇书，可见其父对其也采取了散养式的读书家法；也正是在父亲的启发引导下，李白以一流的辞赋大家兼蜀中乡党司马相如作为自己学习和超越的目标，从而进入了自主学习的阶段。

李白"十五游神仙，仙游未曾歇"（《感兴》其五）。

李白打牢了儒家的根底，又开始特别留心于道家思想与修持方式，既学且游，其学术和思想视野更加开阔与多元。李白后来出峡在江陵遇到道教大师司马承祯，被司马承祯赞许"有仙风道骨，可与神游八极之表"。李白自己"五岳寻仙不辞远，一生好入名山游"，与胡紫阳、元丹丘等道教界人物密切交往，甚至最终在齐州紫极宫接受道箓，成为道教大师高如贵的弟子，都与这早期的道教教育有一定关系。

李白"十五学剑术，遍干诸侯"（《与韩荆州书》）。

书剑意气，关乎天下；文武全才，报效国家。李白十五岁前后的另外一项功课是学剑练剑。李白一生中，曾与长安市井的游侠少年有所往来,曾北游幽州勇探虎穴,曾加入永王李璘幕府,曾打算投奔李光弼军队;曾写下《侠客行》"三杯吐然诺,五岳倒为轻""十步杀一人,千里不留行"这样的名篇名句。李白人格魅力中具有豪侠仗义、狂放不羁的特点,甚至今天风行的网络游戏《王者荣耀》关于李白的人设,都与其任侠学剑有关。

那么,问题来了:李白学得这么杂,他能学好吗?会不会样样都尝试、样样都不精通呢?

我们看看李白学习《文选》的案例,就多少可以知道答案了。李白在故乡读书时,"曾前后三拟《文选》,不如意,悉焚之"(段成式《酉阳杂俎》)。此处所谓的《文选》是南朝梁昭明太子萧统所编选的,是唐宋文人必读书中的必读书,当时有"《文选》烂,秀才半"之说。

《文选》收录精美的文学作品七百多篇,李白读了抄,抄了背,得其要领之后,再模拟原作进行仿写。"三拟",即多次模拟仿写《文选》,拿自己的作品与《文选》原作对比找差距,即使按照三次计算,那李白至少以《文选》为范本拟写过诗文二千多篇。每次写完对照后,感觉不如意,就随手烧掉,重新构思,再来一遍……如今保存下来的只有《拟恨赋》。这篇赋所拟的原作《恨赋》出自江淹之手。江淹就是典故"江郎才尽"

的主人公,是南朝著名的文学家,尤擅辞赋,其《别赋》《恨赋》都是流传千古的名篇。

年轻的李白就是以这种严苛的拟作方式向江淹这样的著名文学家致敬、学习并试图超越,在这个过程中体会文学创作的甘苦和得失,探究千古文章的技巧和规律,寻找突破前人的角度和路径。

李白在故乡匡山的读书经历,呈现出三个特点:多元,勤奋,取法乎上。

多元——李白读书,以儒家为起点,但旁学杂收,不拘一格,能文能武,知行合一。这是一种"君子不器"的全人教育,一种以实现人的全面、自由发展为目标的成长模式。多元带来健康,多元预防狭隘,多元造就大气。李白的诗歌创作往往呈现出海涵地负、纵横捭阖的风格,起落随心、收纵自如的特点,正与此有着密切关系。

勤奋——李白即便具有先天的禀赋,但其后天的勤奋也是当下的我们知之甚少,甚至难以想象的。中国历史上几乎每个大文豪都有少小时勤奋读书的小故事,和李白紧密关联的读书故事是大家熟知的"只要功夫深,铁杵磨成针"。我们从故事中既可以看出李白作为一个童子的调皮贪玩的天性,更可以了解他在磨针阿婆的启发之下是如何自警自律

李白出游分布图

年表

序号	公元	年龄	事迹
1	701年	1岁	李白生于中亚碎叶城。
5	705年	5岁	中宗神龙元年，居绵州昌明县青莲乡。
19	719年	19岁	在梓州，从赵蕤学纵横术。
20	720年	20岁	出益州，谒苏颋、李邕，游峨眉山，作《访戴天山道士不遇》。
24	724年	24岁	离家远游，经巴渝，出三峡。
25	725年	25岁	到江陵，游洞庭湖，登江夏，游庐山。
26	726年	26岁	乘舟到扬州，秋病卧扬州，冬离扬州。
27	727年	27岁	至安陆，娶故相许氏孙女，家安陆，游襄汉。
30	730年	30岁	西入长安。
31	731年	31岁	五月至长安城，求谒无着，北游邠州、坊州，冬还长安。
32	732年	32岁	春返安陆，秋游太原。
34	734年	34岁	至襄阳，谒韩朝宗。
35	735年	35岁	五月游太原。
36	736年	36岁	自秋至冬居东鲁，作《沙丘城下寄杜甫》。
37	737年	37岁	在东鲁。
40	740年	40岁	移家东鲁（今山东济宁）。
42	742年	42岁	奉诏入京至长安。

序号	公元	年龄	事迹
43	743年	43岁	在翰林供奉。
44	744年	44岁	春辞京还家，游洛阳，遇杜甫。
47	747年	47岁	春在扬州，秋游金陵。
50	750年	50岁	离开金陵，游庐山。
51	751年	51岁	春北游幽州。
52	752年	52岁	北游幽州，历魏郡、邯郸、临洺。
53	753年	53岁	入秋，在宣城。
54	754年	54岁	游秋浦、扬州、金陵、宣城等地。
55	755年	55岁	在宣城，十一月至金陵。
56	756年	56岁	避安史之乱入庐山，冬入永王李璘幕。
57	757年	57岁	至浔阳，入永王李璘军。
58	758年	58岁	流放夜郎，春离浔阳。
59	759年	59岁	春至夔州白帝城遇赦。
60	760年	60岁	春江夏至岳阳。
61	761年	61岁	往来于宣城、金陵。
62	762年	62岁	往依当涂县令李阳冰，病重。
63	763年	63岁	十一月卒于当涂。

自制、慎终如始地勤奋读书。这虽然是传说故事，但被安排在李白身上，能取信于人，亦能令人相信他的确具有坚韧的品质。

取法乎上——我们阅读李白诗文可以发现，早年的李白心中，就住着尧、舜、孔子、姜子牙、管仲、鲁仲连、张良、诸葛亮、谢安这样的圣贤或政治家，住着屈原、宋玉、贾谊、司马相如、扬雄、陶渊明、谢灵运、谢朓这样伟大的一流的文学家。在读书过程中，对标一流，取法乎上，这正是李白"奋其智能，愿为辅弼，使寰区大定，海县清一"的政治理想和"圣代复元古"大雅振新声的文学梦想的源头活水。

在匡山读书的时光里，李白也会就近出行漫游，去江油拜会友人，到蜀中名山寻访名师；曾一度师从赵蕤、东严子，开阔视野，广博见闻，涵养性情，砥砺意志。

大约在二十岁，李白进行了一次远游。

二 丈夫未可轻年少

开元八年（720），二十岁的李白感到自己学有小成，应该探索一下外面的世界了。于是，李白开启了自己的人生干谒之旅，他从江油一路南下，先探访了益州（成都），然后继续南下，经过峨眉山脚下再一路游历到渝州（重庆），在这两座城市分别干谒苏颋和李邕。

在唐代，干谒是常见的文人探索政治出路的行为，读书人向朝中高官和地方要员自我推荐，以求汲引，希冀在仕途上一飞冲天。在唐代文人干谒这条路上，李白不是第一个，也不是最后一个，但的确是表现最突出的一个。二十岁的李白，曾两度干谒蜀渝做官的要员。这两度干谒经历，值得我们细细品哑。

开元八年（720）的春天，李白从故乡江油一路南下漫游成都，拜谒益州大都督府长史苏颋。苏颋何许人也？苏颋出身官宦世家，父亲苏瓌就担任过宰相。苏颋自幼聪明过人，在父亲的督课之下勤奋无比，读书能做到过目不忘；中进士，入仕途后，从基层的县尉、县令一直做到宰相，政事、文学兼优，人品、能力皆佳，在唐隆之变中就显示了超乎常人的政治和文学才华。

《太平广记》记载，唐隆元年（710）六月庚子，李隆基和太平公主发起宫廷政变，李隆基率禁军杀了企图篡权的韦后及党羽，彻底剿灭韦氏集团，推其父李旦继皇帝位（即唐睿宗），李隆基自己被立为皇太子。政变成功之际，有大批的诏书等着草拟、发布，但只有苏颋一人在太极后阁承担草诰重任，他负责口授，工作人员负责应声书写；针对每一道诏诰所涉及的人事功过、赏罚轻重,苏颋都明察善断,处置妥当,而且处理速度极快,以至于工作人员一再恳求苏颋放慢口授速度,否则他们的手腕都要写得脱臼了。

《明皇杂录》记载,唐隆之变发生,有重要的制书需要大手笔起草,李隆基请时任宰相苏瓌推荐人选。苏瓌回复李隆基道:"事出紧急,臣一时半会儿想不起其他人选,臣孽子苏颋,是本朝中书舍人,他倒是文思敏捷,不妨一试;不过,孽子嗜酒,但只要他没喝醉,肯定能完成使命。"李隆基立即命召苏颋进宫。结果,苏颋宿醉未醒,李隆基亲自为苏颋醒酒。酒醒后,苏颋立即奉命草拟制文,文章才藻纵横,辞理典赡,深得李隆基欣赏。

李隆基即位后重用苏颋,开元四年(716),苏颋与宋璟一起拜相,政声卓著。苏颋与宰相张说以文章大家而齐名,因为张说封燕国公,苏颋封许国公,并称"燕许大手笔"。

就是这位名满天下的宰相兼文豪苏颋,于开元八年(720)正月罢相,为礼部尚书,不久又外放,担任益州大都督府长史。都督府例由皇子或宗室担任,实际治理政事的就是府主上佐长史。苏颋实际上就是益州的话事人。李白找他算是找对人了。李白此次上书自荐,开始了现在有据可查的他的人生第一次干谒活动。

李白《上安州裴长史书》回忆："前礼部尚书苏公出为益州长史，白于路中投刺，待以布衣之礼，因谓群僚曰：'此子天才英丽，下笔不休，虽风力未成，且见专车之骨，若广之以学，可以相如比肩也。'"

李白来干谒前任宰相、礼部尚书、现任益州大都督府长史，呈上自己的作品，苏颋的反应和评价可谓章法老辣。

首先苏颋对李白以礼相待，非常客气；接着当着属下僚佐的面称赞李白道："从文章来看，这位才俊天才英丽，下笔不休，即使目前他的诗文风力尚未足够雄健，但已显露出专车之骨的架势，如果继续涵养学问，开阔视野，最终是可以与司马相如比肩的。"

苏颋所谓的"专车之骨"出自《国语》和《史记》，当初吴国伐越，攻下会稽，发现巨骨，一截骨节就需要一驾车来装载。吴国人不解，派使者请教孔子。孔子释曰，远古时候，大禹在会稽山招会各路神祇，防风氏迟到了，大禹就斩杀了防风氏，整肃纲纪，以儆效尤，防风氏身形魁伟，其骨节就是"专车之骨"。

苏颋这段评价包含了三层意思：一是李白才华横溢，思维敏捷，创作能力很强，具有一种英特壮丽的风调，这是苏颋最看重李白的；二是李白的创作尚未成熟，但格局弘阔，已有大人物的气象；三是鼓励李白未来可期，要继续学习提高，最终成为司马相如那样的人。

有那么多的古圣先贤，苏颋为什么要选择汉代蜀中人物司马相如为李白学习的榜样呢？除了在蜀言蜀，就近取譬之外，恐怕其中也暗含着苏颋衡文辨才的章法和智慧。司马相如虽然也在汉武帝时期做过官，但他在历史上的主要影响是文学尤其是辞赋。李白干谒所求，是政治前途，而苏颋充分肯定的是李白的文学才华；至于政治才干，苏颋未做任何明确表态。

宰相出身的苏颋，饱经宦海浮沉的苏颋，城府高深难测的苏颋，给李白这番别有意味的回应，李白恐怕未必完全理解到位，他千恩万谢，兴冲冲地继续漫游成都，期待早日得到更好消息。有关文献记载，苏颋后来的确是向朝廷荐举过"赵蕤术数，李白文章"，这举荐可能在李白后来的政治命运中发挥了一些作用。无论后话如何，布衣李白能得到朝廷股肱、文坛领袖、地方首长苏颋的嘉赏，已是喜出望外、兴奋不已了。

兴致勃勃的李白离开成都，乘舟南下东进，经过乐山、峨眉山，一路来到渝州（重庆），干谒刺史李邕。李邕，是一位正道直行、仗义疏财、重义爱士、才名卓著的人物；他文学功底深厚，尤其擅长撰写碑文；书法成就斐然，以行书写碑，独领风骚；他的父亲李善所作《文选》注，正是李白这样的青年才俊学习《文选》的案头必备参考书；李邕在武后时期担任左拾遗，中宗时期担任殿中侍御史，玄宗开元七年（719），李邕始任渝州刺史。

李邕是一位既有真才实学又充满纵横意气的名士，才华高，能力强，耿介狂傲的个性自然也就特别明显。他和苏颋不同，对于年轻气盛的李白，并没有好言好语勤加勉励，而是冷言冷语泼冷水，将心高气傲的李白打击了一番。李白心中不服气，在给李邕上书致谢的信中，夹了一首诗，名曰《上李邕》：

大鹏一日同风起，抟摇直上九万里。
假令风歇时下来，犹能簸却沧溟水。
世人见我恒殊调，闻余大言皆冷笑。
宣父犹能畏后生，丈夫未可轻年少。

李白这首诗磅礴大气又暗藏不平之气。李白在诗中说：李邕先生博学多才，庄子《逍遥游》里的大鹏，您一定很熟悉吧！大鹏一旦同风而起，抟扶摇直上者九万里，即使风力消歇，大鹏缓缓落下，那拍拍翅膀的能量也能把茫茫沧海之水翻个底儿朝天！我李白作为后生，胸怀大鹏之志，在少见多怪的世俗寻常之人看起来像个另类，所以他们纷纷冷笑我在诗文中表达的宏图远志都是狂妄的大话。但是，德高望重的李邕先生，您不会像那些等闲之辈持世俗偏见吧。当年的孔子（宣父）尚且说后生可畏，如今的您就不要轻视我这个年少的李白了吧！

李白这首"反抗诗"写得又好又巧！从庄子入，从孔子出，儒道之间，进退自如，化用典故，如盐入水，既展示了李白的才学，又表现了李白的诗艺，更彰显了李白志存高远的阔大气象。

同时，李白也动了动"小心机"，给李邕设置了两难选择：李先生您若是俗人呐，轻视笑话我那很正常；您若是名士呐，恐怕就得具备孔子的胸襟气度吧。您自己选择！李邕读后，不觉莞尔，感叹这个李白还挺有才学也挺有脾气挺有个性，跟我李邕有的一拼。

李白年轻气盛，路谒苏颋得其盛赞，拜访李邕却受冷遇，一热一冷之间，李白写下这首诗，题目曰《上李邕》，连人家渝州刺史的尊称都不提，就直呼李邕其名，的确有些失礼，但也可见李白纯真可爱的一面。

当然，不打不相识，后来李白与李邕成为忘年之交，李白还为他所敬重的李邕写下很多诗歌。天宝四载（745），李白同友人游济南拜谒李邕，作《东海有勇妇》颂称李邕为"北海李使君"，盛赞其"流芳播海瀛"；天宝六载（747），宰相李林甫安排酷吏罗希奭迫害、杖杀李邕，李白闻讯悲不能禁，后来写《答王十二寒夜独酌有怀》，慨叹"君不见李北海，英风豪气今何在"；乾元元年（758），李白自浔阳长流夜郎，途中盘桓于江夏，探访已经被改建为修静寺的李邕故居旧宅，他还写下《题江夏修静寺》，首联曰"我家北海宅，作寺南江滨"，将已遭不幸的李邕称为"我家北海"。当然，这都是后话了。

值得注意的是，在现存李白诗文中，这首《上李邕》是李白第一次使用"大鹏"的典故。从这首诗"大鹏一日同风起"开始，到人生最后一首诗《临路歌》"大鹏飞兮振八裔"，李白共写了九十多次大鹏与凤凰，寄托自己的远大理想和高洁人格。我们在今后的章节中还会为大家进行详解。

如果我们评价一下李白这两次奔走干谒的意义，可以说，这两次干谒活动，既彰显了李白的才华、个性，也促使李白学会成长。

苏颋、李邕都是才华卓著的名士，李白干谒苏颋，其过人的才华当即得到苏颋的欣赏与期许；李白奉呈李邕的诗作，也显露出非同常人的才华，并在后来得到李邕的认可。才华横溢，这是李白后来走遍大唐天下的最重要的资本。

听说前任宰相来益州为官，李白路中投刺，是需要自信与勇气的；被渝州刺史李邕冷遇，李白诗题中直呼其名，诗句中抱怨他不能礼贤下士，也是需要胆量与气血的，这种鲜明的个性恰恰是李白人格与诗歌魅力所在。

更重要的是，李白终究是明白事理的读书人，苏颋在点赞之外，也提醒李白要"广之以学"；李邕对李白的冷遇本身就让李白体验到了理想与现实之间的距离，知晓了天高地厚；所以，临渊羡鱼，不如退而结网，还是老老实实地回乡读书。

李白回到了匡山，写下《冬日归旧山》诗以纪事言志。我们看到，冬日的匡山虽然清寒寂寥，但依然生机盎然，"一条藤径绿，万点雪峰晴。地冷叶先尽，谷寒云不行。嫩篁侵舍密，古树倒江横。白犬离村吠，苍苔壁上生"；而李白则"洗砚修良策，敲松拟素贞"，一方面重拾笔砚，展开书卷，认真务实地修习治国理政的良策，为将来出山建功立业裨益苍生做好准备，一方面以门前的青松自比，要涵养自己素贞高洁、傲岸不屈的风骨气质。

三 莫怪无心恋清境

经过漫游干谒，李白开阔了视野，省察了内心，荡涤了青春的躁动，积淀了走向成熟的理性，而心目中的理想蓝图也变得更加切实，更加美好。开元十二年（724）的春天，李白二十四岁，学业有成，羽翼丰满，下定决心走出巴蜀，探索外面的世界。他后来在《上安州裴长史书》中回忆道："大丈夫必有四方之志，乃仗剑去国，辞亲远游。"

也许李白也没有想到，这次离家后，自己一生再也没有回来。有意味的是，这位有情有义的巴蜀才俊，从故乡的匡山到三峡的巫山再到荆楚大地的荆门山，行程就足足用了十五个月，一路上饱览山川，游历城邑，拜别故人，还写下了"别乡三部曲"，每一首诗都以"别"命题，留下了自己从巴蜀匡山到峨眉山直至荆楚的荆门山的行程记录。

"三部曲"其一，《别匡山》。

要离开自己读书的匡山了，他写下《别匡山》诗，诗歌除了细腻地描述匡山的自然、人文美景，流露自己依依不舍的心情，更表达自己的雄心壮志：

> 晓峰如画参差碧，藤影摇风拂槛垂。
> 野径来多将犬伴，人间归晚带樵随。
> 看云客倚啼猿树，洗钵僧临失鹤池。
> 莫怪无心恋清境，已将书剑许明时。

李白以不舍而又坚定的口吻，跟匡山说，匡山呀匡山，您可千万不要责怪我不再留恋您的清境，毅然离开您，因为我已经许身这个伟大而昌明的盛唐时代，要将自己的书剑——文武才华，奉献给社稷苍生。

匡山，巴蜀，是读书的清境；长安，盛唐，是理想的胜境。李白，坚定而自信地走出了从清境到胜境的第一步。

"三部曲"其二，《峨眉山月歌》。

李白盘桓流连故乡半年之久，再次过益州（成都），游峨眉，准备乘舟离开巴中向巴东三峡进发时，已是秋天，入夜时分，李白从清溪驿出发，舟行平羌江面上，中天的半轮秋月伴着峨眉山影倒映在水中；江水流，船在走，天上的秋月和水面的月影也依依不舍跟着走。当飞舟飘摇而去，渝州渐近，峨眉渐远，三峡在召唤时，半轮秋月已不见踪影。李白心中惆怅满怀，将峨眉山月呼作"君"，别君，思君，不见君，峨眉山月呀，故乡巴蜀呀，就此作别了……

峨眉山月半轮秋，影入平羌江水流。
夜发清溪向三峡，思君不见下渝州。

船离开了峨眉，离开了巴蜀；人离开了峨眉，离开了巴蜀；但李白的心一直牵系着峨眉，一直将峨眉当作巴蜀的文化地标，当作故乡的印记符号。后来，李白多次在诗文中称峨眉、道巴蜀，表达自己的乡思。他在安州时写《代寿山答孟少府移文书》，文中称"近有逸人李白自峨眉而来，天为容，道为貌……"借峨眉指称巴蜀；他在晚年写《峨眉山月歌送蜀僧晏入中京》，诗中也以忆峨眉追忆巴蜀："我在巴东三峡时，西看明月忆峨眉。月出峨眉照沧海，与人万里长相随。"而且李白此诗更有意与早年的《峨眉山月歌》同题，可见李白的峨眉情结之深。不仅李白自己，唐代诗人张祜在其《梦李白》中开篇就直接把李白称为"李峨眉"："我爱李峨眉，梦寻寻不得"，可见李白的峨眉山情结影响力之深远。

"三部曲"其三，《渡荆门送别》。

李白游巫山，过三峡，也还写过《宿巫山下》《自巴东舟行经瞿塘峡登巫山最高峰晚还题壁》等作品，详细记录了自蜀渝入荆楚的具体行程。开元十三年（725）的春天，李白舟行至荆门山。荆门山位于峡州宜都西北，是荆楚之门。这就意味着李白彻底离开巴蜀进入荆楚了。心情激动又有些纠结的李白写下了《渡荆门送别》：

渡远荆门外，来从楚国游。

山随平野尽，江入大荒流。

月下飞天镜，云生结海楼。

仍怜故乡水，万里送行舟。

  李白的激动来自眼前不一样的风景与世界。蜀中一路舟行，尤其是途经三峡，两岸崇山峻岭，江流水势湍急，行程充满惊险艰难，过了荆门山，完全不同了：山势由耸拔渐趋平缓，直至消失，眼前视野一下子变得开阔疏朗；江水也由三峡段的惊涛骇浪化作一片宁静宽和。正因为如此，先有前半夜天上皎洁的一轮圆月倒映在江面，好像遥远的苍天飞赐明镜来到人间，照亮李白前行的路；再有后半夜水光接天，云霓变幻，江面隐约出现海市蜃楼，这似有若无的美景又似乎是李白心中所向往的美丽新世界。

  身临此情此景，李白怎能不激动！但是转念一想，虽然新世界打开了，但是故乡越来越远了，心中又有些小纠结！这种感觉就像一位首次离家读书的大学生既憧憬未来又难舍故乡的心态。好在，负载万里行舟的，依然是从故乡巴蜀而来的清流，这一派清江，代表着故乡，不仅送李白到眼前的荆楚大地，还要送李白到未来的远方，送理想主义的李白到理想的盛唐新天地。

第二章

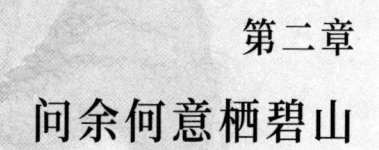

问余何意栖碧山

> 问余何意栖碧山，笑而不答心自闲。
>
> ——李白《山中问答》

在他二十五岁这一年的春天，李白"渡远荆门外，来从楚国游"，乘舟来到荆楚大地，邂逅司马承祯后继续前行，接下来的十五年里，他纵贯长江一线，北上黄河流域，遍游名山大川，探访通都大邑，而大本营，却主要是在安州，也就是今天的湖北安陆。

刚刚出蜀的后生李白结缘大唐王朝道教头号人物司马承祯，并得到司马承祯的嘉许，司马承祯又是何许人也？李白与他结识又关联着怎样的道家道教道士背景？

从巴蜀到荆楚再到吴越，李白漫游了长江流域，为何最终选择在安州成家？成家后的生活状态如何呢？

安州境内的寿山虽然不是天下名山，但李白却在这里几乎要修炼成"仙"了,难道他忘记了"已将书剑许明时"的壮志?

一　大鹏遇到希有鸟

李白乘舟出峡,在江陵遇见道教大师司马承祯。

李白,二十五岁,青春年少的一介书生,胸怀美好憧憬,刚刚走出四川盆地。

司马承祯,七十九岁,名满天下的一代道教宗师,刚刚在长安为当朝皇帝唐玄宗授完道箓。

年龄差、地位差、影响力差如此巨大的两个人,居然擦出了耀眼的火花,文学史上因此多了一篇精彩的《大鹏遇希有鸟赋》,更多了一段历经沧桑的前辈赏识和影响初出茅庐后生的佳话。李白后来回忆当年见到司马承祯的情景:

> 余昔于江陵,见天台司马子微,谓余有仙风道骨,可与神游八极之表,因著《大鹏遇希有鸟赋》以自广。

李白说,当年,我出峡来到江陵,见到了来自天台山的道教大师司马子微先生,先生夸我有仙风道骨,可以和他一起乘风而去,神游八极之表;听到司马承祯先生如此盛誉,李白激动不已,提笔写下《大鹏遇希有鸟赋》。

在这篇赋中,李白以其狂放不羁的才情再现了庄子《逍遥游》里的大鹏。大鹏"缤纷乎八荒之间,掩映乎四海之半",其自由、逍遥、飘逸,是黄鹄、玄凤、精卫、天鸡等无法企及的。而当希有鸟见到大鹏,对大鹏说了这样一番话:

伟哉鹏乎,此之乐也。吾右翼掩乎西极,左翼蔽乎东荒,跨蹑地络,周旋天纲,以恍惚为巢,以虚无为场。我呼尔游,尔同我翔。于是乎大鹏许之,欣然相随……登于寥廓。

读到这里,我们发现,在这篇赋中,李白就是大鹏,希有鸟就是司马承祯,希有鸟对大鹏的欣赏就是司马承祯对李白"仙风道骨"的赞誉,大鹏相随希有鸟登于寥廓虚无的境界,就是"神游八极之表"。

目前我们见到的这篇文字是李白在人到中年之后重新精炼打磨过的,可见李白是多么看重他出峡后与司马承祯的这次相逢,是多么重视这篇赋文,这背后,暗含的是李白满满的自信,更是司马承祯对他的期许。

那么司马承祯到底是一位什么样的人物,他对李白的评价和影响到底有多深远？

司马承祯，字子微，法号道隐；生于唐太宗贞观二十一年（647），卒于唐玄宗开元二十三年（735）。高宗乾封二年（667），司马承祯二十一岁，在嵩山拜道教上清派第十一代宗师潘师正（586—684）为师，得其真传，在嵩山修炼三十年，嗣后又漫游衡山、茅山、天台山、天姥山、大霍山，后来他在天台山创立了上清道茅山宗的支派——南岳天台派，自号天台白云子；他晚年在道教的天下第一洞天王屋山修道，八十九岁仙去。作为道教上清派第十二代宗师，司马承祯不仅留下了道家理论和修持方面的重要著述，还打造了天台山桐柏观、王屋山阳台观等千古扬名的宫观。

司马承祯不仅仅是道教大师，他也是得到唐朝几代帝王高度重视的特殊人物。

武周圣历二年（699），司马承祯五十三岁，应武则天隆重邀请入京，得武则天手敕赞美，在俗道二界名声大振。但司马承祯深谙进退之道，不久依然返回山中继续修道。

睿宗景云二年（711），司马承祯六十五岁，应唐睿宗盛邀入京、进宫，他提出"顺其自然"的治国主张，得到睿宗盛赞与赏识，再次轰动天下。司马承祯无心帝京繁华，请求还山修道。睿宗厚赏他以示特别的宠遇，朝中公卿上百人写诗送别。

玄宗开元九年（721），司马承祯七十五岁，唐玄宗派遣使者迎请司马承祯入京，礼敬他，并请他为自己授道教法箓，拜其为师（授道箓，指正式登记在道教师门名下成为道士）。次年，司马承祯请求返回天台山，玄宗尊重他的选择，专门颁敕文旌表他的高德、道术与精妙才艺，还写诗赠别。

开元十五年（727），司马承祯八十一岁，唐玄宗再次召请他入京，希望长期向他请教，但又受限于京城与天台山路途之遥，于是令他在洛阳以北、黄河北岸的王屋山自选形胜之地，建造了极为考究的阳台观。玄宗皇帝为阳台观亲笔题写"寥阳殿"匾额。此时皇妹玉真公主也自请到王屋山跟随司马承祯修金箓斋。

特别有意味的是，李白与司马承祯在江陵相见大约是开元十三年（725），正好处在玄宗两度召请司马承祯入长安之间。李白还没有出生时，武则天即隆遇司马承祯；李白十一岁读书时，唐睿宗厚待司马承祯；李白二十一岁前后拜谒苏颋、李邕以求赏识的时候，唐玄宗正在长安城里拜司马承祯为师；李白二十五岁，居然有幸在江陵偶遇司马承祯。司马承祯所携带的超级政治流量，让李白这位"已将书剑许明时"的有志青年倍受鼓舞。更何况，司马承祯的师父潘师正曾与唐高宗往来频繁，司马承祯的师祖王远知与李渊李世民父子关系密切，这些道教

29

大师虽然弃绝红尘富贵，但其政治影响力之大，却是人所共知的。这次的江陵相见，让李白这只"大鹏"近距离地、深切地感受到了司马承祯这只"希有鸟"从容逍遥于出世入世之间的道行。

司马承祯还是一位才华横溢的文人。他擅长书法，工于篆隶，并能自成一体，号为"金剪刀书"，唐玄宗曾令司马承祯效仿蔡邕三种字体，书写《道德经》，刻在长安景龙观；他擅长绘画，曾绘制《天地宫府图》，创意设计绘制五岳真君像；他通音律，善作曲，也善诗赋文章；他善工巧，能斫治古琴，又曾亲手制含象镜和震景剑。因此，唐玄宗曾评价"司马炼师以吐纳余暇，琴书自娱，潇洒白云，超驰玄圃，高德可重"（炼师是对道士的尊称）。

司马承祯隐逸世外的高节、卓越不凡的才华，更吸引了初盛唐一大批卓越的读书人，结为"方外十友"，其中的卢藏用、陈子昂、宋之问、杜审言等著名诗人与他关系极为密切，常有诗文唱酬；又因为历任皇帝重视，几位著名的宰相诗人如李峤、张九龄等，也与他颇有交往。多才多艺的司马承祯身边聚集和关联了这么多的诗人、文人，可见他的修养，绝不是泛泛之辈。面对司马承祯这只文学艺术界的"希有鸟"，李白这只要将诗歌"圣代复元古"大雅振新声的"大鹏"再次受到激励与鼓舞。

当然，话说回来，司马承祯首先是一位内心真正恬淡静谧的道教大师，李白与他在江陵相见的渊源可能也是道缘，司马承祯对李白的盛誉"有仙风道骨，可与神游八极之表"和李白《大鹏赋》的书写也都是基于道家话语体系的；更重要的是，司马承祯的徒子徒孙辈中，胡紫阳、元丹丘、高如贵等道士也都与李白交往甚密，司马承祯的女弟子玉真公主更是对李白的人生命运变化发挥了重要影响。

李白在这段时期交往最频繁的是距离安陆不远的随州胡紫阳先生。胡紫阳的身世，历史记载模糊，目前可以依赖的最重要的根据是李白为胡紫阳所作系列诗文。综合这些诗文，我们可以知道，胡紫阳师出李含光，是司马承祯的再传弟子，他很早就入山修行，又云游四方，求仙学道，颇有成就，在其门下禀受教化者三千余人。

李白与胡紫阳先生私交深厚，彼此相得，回忆旧游时他曾写下"紫阳之真人，邀我吹玉笙。餐霞楼上动仙乐，嘈然宛似鸾凤鸣"。李白与道友元丹丘、元演曾向胡紫阳先生诚心求道，得其精髓；元演在胡紫阳先生指点下计划隐居仙城山静修，李白与元丹丘在胡紫阳先生的随州餐霞楼送别元演并写下赠序；元丹丘在天宝初年请胡紫阳到嵩山为自己授道箓；胡紫阳曾应玄宗盛情邀请入京，名动天下，不久辞归。李白认为，随州是神农氏的圣地，必有大人物诞生，有唐以来，胡紫阳和贞倩两位先生就是先后继起的大师。后来，李白不仅把自己的诗文交给贞倩编辑整理，而且还应贞倩之请，为仙去的胡紫阳撰写了《唐汉东紫阳先生碑铭》，高度评价了胡紫阳的道学修为和时代影响。

二　桃花岩下度芳年

李白离开故乡来到湖北境内，接着一路沿着长江而下到金陵、扬州漫游。大概两年之后，到了开元十五年（727），李白找到了自己心中的归宿，遇到了自己心中的佳人。这位佳人，就是李白的许氏夫人，她是高宗时期宰相许圉师的远房孙女。

一方面满怀雄心壮志，一方面又希望闲云野鹤，这样一个矛盾交织的李白，终于在他人生二十七岁这一年从扬州来到今湖北安陆也就是当时的安州，入赘许府，开始了他一段宁静幸福、快乐安闲的生活。

安陆地处江汉平原，北边有连绵起伏的丘陵山岗，南面是平旷辽阔的大片沃野，涢水流过县域，水陆交通便利，物产丰富，人烟稠密，古称鄂北咽喉、中原门户，既是兵家必争之地，也是人文荟萃之乡，清道光《安陆县志》称"人文彪炳经史，凡理学名臣、文苑武功、卓功高隐之流，顶踵相接"。唐代一度在这里设置安州大都督府，统领安、申、阳、温、复、沔、光、黄、蕲九州，其政治、经济、文化地位在荆楚大地不容小觑。

李白在安州，既得自然山川之滋养，又享婚姻家庭之幸福，更因安州特殊的区位优势为其人生图景的展开蓄势、铺垫。

文武之道是一张一弛，李白有着高远的人生理想，但是他也充分珍惜和享受人生的每一刻幸福。从零零星星的文字痕迹中，我们发现，李白与许氏夫人成家之后的日子甜蜜幸福，但是身在许氏家族中却也有不快；李白当时在安州还遇到了一些不太如意的事情，得罪了地方官员。但总体来讲，李白这一段的生活是比较宁静闲适的。所以，他的诗歌中表达的是一种享受当下无限幸福的感觉，比如他有一首诗《山中与幽人对酌》：

两人对酌山花开，一杯一杯复一杯。
我醉欲眠卿且去，明朝有意抱琴来。

我们生活在今天这样一个异常紧张的时间流程中，有些时候对自然的感觉会麻木。而诗人李白在诗国高潮的唐代，用他的诗笔来告诉我们：我和我的幽人朋友啊，一杯一杯对酌，今天一杯明天一杯地对酌；我们看着山花打苞，看着山花初绽，看着山花怒放。读到这里，我们可以从中体会到李白内心的潇洒闲适，那是在时序的自然流动中体验周围花花草草的细微、微妙的变化，那是伴随着自然的时序而潜滋暗长的他与友人之间的信任、默契、愉悦。好了，山花开了，酒也喝差不多了，朋友要走了，李白又化用了一个典故——"我醉欲眠卿且去，明朝有意抱琴来"。

我们知道陶渊明也喜欢与朋友相酌，喝多酒了，他就说：唉呀！我喝多了，你们回去吧！"我醉欲眠卿且去"，李白化用的就是陶渊明这个典故。一个平庸的诗人，能如此化用陶渊明的典故已经很不错了。可是这是李白，他一定要想方设法超越前代的诗人，因此他又有了最后一句——"明朝有意抱琴来"。这样一来，两句合并一起，意思是说：今天我喝多了，你回去吧，我不跟你客气；但是，如果这位幽人啊，你觉得今天我们的相处非常愉快，今天我们的对酌非常尽兴，可是依然心中还有不足的话，请你明天抱着琴再来做客，我们一起调素琴，饮美酒。

这首诗，一方面表达了李白此时此刻的悠游自在的心态，一方面又展示了诗人李白向前代诗人致敬、又希望又愿意又努力超越前代诗人的心态和实际创作成就。

我们再来看同时期的另一首闲适诗作《山中问答》：

> 问余何意栖碧山,笑而不答心自闲。
>
> 桃花流水窅然去,别有天地非人间。

可能不少读者都觉得这首诗表达了李白闲云野鹤般地淡然于现实功名之外、超然于世俗尘想之外的宁静心态。但是仔细品味,好像这首诗还有一点点疙里疙瘩的隐衷。为什么呢?从诗歌表达的逻辑结构来看,李白很明显是要回答一个朋友的问话——你问我为啥能够这么宁静安然地栖息于碧山之中?回答是:不可说,不可说,笑而不答心自闲;你看我眼前有桃花流水窅然而去,这种天地,不是人间凡俗可以想象可以体会的。除了清幽淡远的心境之外,一方面我们似乎也可以从另一个角度来思考,那就是有人在关心李白的生存与发展状态:李白你不是说"已将书剑许明时"了吗?李白你不是要做一番事业吗?怎么看起来这么淡定,怎么看起来这么"佛系"?你怎么会这样呢?

李白给朋友的答案是:不置可否。也许李白的内心太复杂,实在不好回答。

李白这一个时期创作的《春夜宴从弟桃花园序》也令人充满遐想:

> 夫天地者，万物之逆旅也；光阴者，百代之过客也。而浮生若梦，为欢几何？古人秉烛夜游，良有以也。况阳春召我以烟景，大块假我以文章。会桃花之芳园，序天伦之乐事。群季俊秀，皆为惠连；吾人咏歌，独惭康乐。幽赏未已，高谈转清。开琼筵以坐花，飞羽觞而醉月。不有佳咏，何伸雅怀？如诗不成，罚依金谷酒数。

文章叙写春夜宴饮，行云流水，欢畅自在，但开篇的感慨与发问却很惊挺——"夫天地者，万物之逆旅也；光阴者，百代之过客也。而浮生若梦，为欢几何？"很明显，李白一方面沉醉于当下的潇洒自如，安闲自在；一方面也意识到流年匆匆，时不我待。在这个语境中，李白他不是一个超人，他跟我们一样有一种内心的紧张感。

或许我们可以这样看，以上两首诗和这一篇《春夜宴从弟桃花园序》比较形象地表达出李白入赘许府人生相对安定从容的一面，也流露出李白内心中萌动着某种焦虑、希望人生有为的一面。

那么，李白他对自己的人生设计到底是什么样的呢？

三 这是一把总钥匙

我们来看看李白人生进退的一把总钥匙。李白到了荆楚大地,尤其是在安州成家之后,生活过得宁静舒适,但是李白的内心并没有忘却建功立业的理想,他还是会以不同的方式来把这样一种内心左冲右突的想法呈现出来。非常巧的是,李白的一位朋友,姓孟,是个县尉,李白称为孟少府,给李白来了一封信。奇怪的是,这封信的收件人不是李白,而是李白当下所隐居的这一座小山 —— 寿山。

这封信文体是一篇"移文"。作为古代公文的一种,移文往往是带着温和的口气晓谕、责备对方。南北朝时有一篇很有名的文章叫《北山移文》,作者是孔稚珪,这篇文章后被萧统编进《文选》里。这个朋友孟少府,他也学着孔稚珪向寿山提出了质疑。寿山是在湖北安陆西北的一座小山,李白就在这里幸福安闲地生活,他与山光水色融为一体,其实是蛮开心的。

但是,孟少府写移文批评寿山,说你这个寿山为什么把我们心目中的英雄豪杰、一个大才子李白困在这里了?我们那个李白曾经不是有很多高远的理想嘛,为什么到你寿山这里就放弃了,就安闲了,就自在了!这不是我们想看到的李白!所以寿山啊寿山,你这样做是不对的,请你把李白还给我们!

我们已经看明白了,其实孟少府的这篇移文,不是在批评寿山,而是在刺激李白。李白当然是聪明人了,他就真心实意又假模假样地代替寿山给孟少府回了一封信。这封信的题目叫作《代寿山答孟少府移文书》,意思是说,既然孟少府你发了移文批评寿山,那我就代替寿山给你回答一下。

其实,深入分析一下,李白这篇《代寿山答孟少府移文书》,是我们理解李白人生进退的一把总钥匙。

> 近者逸人李白,自峨眉而来,尔其天为容,道为貌,不屈己,不干人,巢、由以来,一人而已。乃虬蟠龟息,遁乎此山。仆尝弄之以绿绮,卧之以碧云,漱之以琼液,饵之以金砂,既而童颜益春,真气愈茂,将欲倚剑天外,挂弓扶桑,浮四海,横八荒,出宇宙之寥廓,登云天之渺茫。

在这篇书信中,李白借寿山之口说,你看有一个四川人叫李白的,他从峨眉而来,真是神仙气质,千古以来找不到第二个;这么优秀的修道之才李白来了,我寿山待之也不薄:我奉献了绿绮碧云、琼液金砂,来让李白在我寿山修仙;所以,你看这个李白"童颜益春,真气愈茂",差不多马上就要成仙了,可以浮四海,横八荒,出宇宙之寥廓,登云天之渺茫。我们读到这里,是不是想起李白《大鹏赋》里大鹏与希有鸟神游八极之表的说法了。接着,信中又说,但是我也告诉你孟少府!这个李白又跟一般的修仙之人不一样,因为他内心还有不平衡,所以孟少府不用你催我,这个李白已经有自己的人生选择了。

咱们就来看一下李白的人生选择吧!

以下这段话是集中表达李白人生进退取予的关键文字:

> 达则兼济天下,穷则独善一身,安能餐君紫霞,荫君青松,乘君鸾鹤,驾君虬龙,一朝飞腾,为方丈、蓬莱之人耳,此则未可也。
>
> 乃相与卷其丹书,匿其瑶瑟,申管晏之谈,谋帝王之术。奋其智能,愿为辅弼,使寰区大定,海县清一。事君之道成,荣亲之义毕,然后与陶朱、留侯,浮五湖,戏沧洲,不足为难矣。

"达则兼济天下,穷则独善一身",这是先秦时代以孟子为代表的儒家人生取向,经过汉魏晋南北朝,一直到唐代,这种价值取向绵延不绝。这里有个问题,是不是说达则兼济天下是儒家，而穷则独善一身是道家呢？我想可能这样一种认识是有偏差的。事实上整个这一段文字所表达的都主要是儒家的思想境界和人生理想。

达，那是指仕途通达人生通达，在这样的时候，我一定要建功立业兼济天下，这是一种进取的状态。穷，当然我们都懂，它不是指一般意义上的生活窘迫穷苦，而是说人生道路遇到坎坷挫折，它与达是相对的，当遇到了这种坎坷挫折的时候，我也可以独善一身——"安能摧眉折腰事权贵，使我不得开心颜"，要保持我自己的人格独立、人格尊严不可侵犯。因此不论是达还是穷，事实上表达的都是儒家士大夫安身立命、积极进取的态度。

既然李白已经决定了达则兼济天下、穷则独善一身的人生底线，所以他就不能在寿山中继续隐居、修仙成道了。那么，李白具体的人生理想是怎么样的？他说，我要先把那些炼丹修仙的书籍收起来，把那些弹奏养性的乐器收起来；接着，我要"申管晏之谈"——管仲、晏婴那是先秦时期的名相，是辅佐国君建立不朽功业的辅弼之臣，所以我李白要向管仲、晏婴学习，发挥他们的谋略来辅佐本朝的帝王，这叫谋帝王之术；接着要"奋其智能，愿为辅弼"，就是发挥我的智慧与才华，成为大唐王朝的辅弼之臣，其实也就是当宰相，使得"寰区大定，海县清一"！一旦这个事情做成了，那就是"事君之道成，荣亲之义毕"，也就是作为臣子侍奉国君尽心尽力了，作为子嗣让父母让家族扬名了。

请大家务必注意，李白描述到这一步的，只是其人生理想的第一步，他还有第二步。一旦李白作为一个宰相的重要角色完成了这些功业之后，他要干什么呢？

功成，事遂，身退。

退到哪里去？他说我要像陶朱、留侯一样退隐江湖。不论是陶朱公范蠡还是留侯张良，他们最终的选择都是什么？激流勇退，功成身退。李白的意思是我进可以建功立业，像管仲、晏婴一样辅佐我们大唐天子做一番事业；退一定也会效法范蠡和张良，及时深藏身与名。这件事对我李白来讲不足为难。

这是我们对于李白《代寿山答孟少府移文书》的一个基本解读，我也希望大家就此能够理解到：李白他是不是希望当官？是！是不是希望当大官？是！他尤其希望自己做到宰相，这种功名意识非常强烈，一点都没有错。但，李白自己期望成为宰相，是不是因为功名利禄？不是！他是希望自己能够作为一代贤相辅佐帝王，当大事已成之后，他毫不贪恋功名富贵，及时地激流勇退，归隐江湖。

达则刚健有为、建功立业，穷则洁身自好、坚持底线；进则位居大唐长安的庙堂当宰相，退则归隐烟波浩渺的江湖做隐士。这段文字事实上表达了李白的人生穷达进退的一个基本原则，这样一个原则也将是我们接下来对李白进行更多研究更多探讨的一个前提，因此，我们可以说，这是理解李白人生进退的一把总钥匙。

第三章
别意与之谁短长

> 请君试问东流水，别意与之谁短长。
>
> ——李白《金陵酒肆留别》

李白出蜀后的早期漫游，主要在长江流域展开，从洞庭湖到庐山，从金陵到扬州，不断地结识新朋友，也不断地与故交别离，在不断的悲欢离合中，李白心中那一轮明月，渐渐地幻化成遥远的故乡。

李白的蜀中故人吴指南与李白同游洞庭湖，却不幸身亡，一诺千金的李白为好友吴指南竟然安排了一场新奇的剔骨葬，这里面有什么讲究？

李白既善于向乐府民歌学习，又长于化用乐府民歌，更努力超越乐府民歌，在秦淮河畔，李白是为何写下一篇金陵爱情故事？

《静夜思》，有一个李白原创文献版，一个大众口耳相传版，为何如此？是谁改动了李白的原创版？

一 行侠仗义重然诺

李白在漫游期间，有一件感天动地的事情，李白曾在《上安州裴长史书》中自述道：

> 又昔与蜀中友人吴指南同游于楚，指南死于洞庭之上，白禫服恸哭，若丧天伦。炎月伏尸，泣尽而继之以血。行路闻者，悉皆伤心。猛虎前临，坚守不动。遂权殡于湖侧，便之金陵。数年来观，筋骨尚在。白雪泣持刃，躬申洗削。裹骨徒步，负之而趋。寝兴携持，无辍身手。遂丐贷营葬于鄂城之东。

李白从四川一路走来，有一位同行者，蜀中友人吴指南，他和李白到了这个洞庭湖这一带的时候，吴指南不幸暴毙身亡。李白跟吴指南私交非常好，朋友一起出来，结果中途离世，李白非常痛苦，他就换上了丧衣，伏尸痛哭，好像失去了自己的亲人一样地痛哭流泪，眼泪流干了流鲜血，那个情景被过路的人看到，个个都是心肝断绝，甚至当野兽猛虎前临，李白也

第三章 别意与之谁短长

坚守着吴指南的遗骸不动,充分显示出他对这位老朋友的深情厚谊、侠肝义胆。只是因为他们出蜀不久,李白还要赶赴金陵、扬州,于是就暂且把吴指南安葬在洞庭湖畔的某一处。

几年后,等到李白在长江下游的这些游历结束之后,他又回来为吴指南善后。回来之后的情景有点儿惊悚,他打开老朋友吴指南的棺木,发现筋骨尚在,于是他流着泪拿着刀把老朋友的遗骸,一刀一刀地刮削干净,把他的骨头打成一包,背在身上,随时随地不离身边,最后,在鄂城之东,找到一个合适的地方,才把他安葬好。

我们可能会产生疑问,这是在解读李白人生还是在欣赏武侠小说。这也让我们想起了李白的《侠客行》:

  赵客缦胡缨,吴钩霜雪明。
  银鞍照白马,飒沓如流星。
  十步杀一人,千里不留行。
  事了拂衣去,深藏身与名。
  闲过信陵饮,脱剑膝前横。
  将炙啖朱亥,持觞劝侯嬴。
  三杯吐然诺,五岳倒为轻。
  眼花耳热后,意气素霓生。

救赵挥金槌,邯郸先震惊。

千秋二壮士,烜赫大梁城。

纵死侠骨香,不惭世上英。

谁能书阁下,白首太玄经。

结合这首诗,我们可以看到李白对于朋友的侠肝义胆可谓惊天地、泣鬼神。同时,我们也注意到,李白安葬吴指南的这样一种剔骨葬、二次葬,不是我们常见的中原汉文化的丧葬习惯,所以有学者认为李白身上的确具有不一样的一些异域文化基因。李白的文化视野、文化选择和我们常见的古代文人是不一样的。

二 青梅竹马长干行

李白在长江下游漫游,不论是扬州还是金陵,都结交了很多好朋友。人有悲欢离合,总会有聚有散,在跟朋友交往的过程中,李白的一首《金陵酒肆留别》成为那个时代表达离别情谊的一篇经典作品。

风吹柳花满店香,吴姬压酒唤客尝。

金陵子弟来相送，欲行不行各尽觞。

请君试问东流水，别意与之谁短长。

我们来看，这是一个初春的季节，风吹柳花满店香，李白在金陵要与友朋道别。吴中女子给大家斟上美酒，不论是要走的还是要留的朋友，大家都在一杯又一杯尽情地畅饮，借畅饮，借酒精的麻醉来浇灭心头的离别之苦、离别之痛、离别之愁。

如果这首诗只写到这里，那是我们太司空见惯的套路。李白跟其他诗人不一样的，就是写到这里之后，常人看来似乎已经无话可说了，他又给我们打开一个新天地。李白接着写："请君试问东流水，别意与之谁短长。"东流水可能是指眼前的秦淮河，可能是指稍微远一点的长江水。李白感慨：各位朋友啊，咱们今天在这里相别，咱们今天的离情别意，实在太绵长太深远了！我看了一下周围，没有什么可以相比，只有眼前的这个东流水能够相比；而且我们的情谊一定比这东流水更长远更绵邈更感人。

我们有没有发现，拿东流之水来与人的情怀愁绪相比照的作品，比如"问君能有几多愁，恰似一江春水向东流"，是不是和这两句有点像？我们虽然不能武断地评说李煜词的这两句是套用或者袭用了李白这首诗的表情达意的方式，但我们从中的确可以找到相似性。

我们发现，李白在他早期漫游途中所创作的这些作品，就已经显露出与众不同的特点了。杜甫评价李白说"白也诗无敌，飘然思不群"。李白的诗思，和一般的诗人的确是不一样的，他总能够在常人表情达意的尽处又打开一个新天地。李白的诗歌既有继承前人优秀传统的大量实践，同时又有想方设法超越前人、不走寻常路的一种新的探索。这是我们学习李白、研究李白非常重要的一个方面。

这段时间的漫游，也是李白在诗歌方面用心向民间学习的过程，最具代表性的成果是《长干行》和《静夜思》。

我们来看一看李白在金陵时期创作的一首特别接地气又特别纯粹的作品《长干行》其一。这首诗，书写了一个美丽的金陵爱情故事，充分体现了中国古典诗词、中国古典爱情的特殊魅力，我们可以把它称作青梅竹马的古典魅力。

我们来寻找其中的古典魅力在哪里。

诗中写道：

妾发初覆额，折花门前剧。
郎骑竹马来，绕床弄青梅。
同居长干里，两小无嫌猜。

这个诗中写到长干里，就可以说相当于我们今天的团结小区、幸福花园之类的居民区，这是诗中的男女主人公自幼成长生活的地方。长干里，它并不是一个虚拟的地名，它是一个真实的地名。在今天的南京市，出了中华门朝着雨花台方向走，也还有一条长干街。所以李白是借长干里这样一个真实的地名，借《长干行》这样一个乐府的古题，以自己的生花妙笔，讲述一个老而又老的中国故事。

这个女主人公是一个小姑娘，非常可爱；所谓"妾发初覆额"，我们可以想象为今天女孩子们留的空气刘海；这个小姑娘正在门前折花为戏，另一个主人公，一个小男孩，以竹竿为马，哒啦哒啦哒啦就跑过来了。"绕床弄青梅"，这个床，一般是指院子里的井栏，小男孩小女孩，在一个小区一个院儿里，一起玩耍一起成长，因此是青梅竹马两小无猜。

但是孩子总是要长大的，于是接下来的情节就发生了变化：

十四为君妇，羞颜未尝开。
低头向暗壁，千唤不一回。

那么，这个小姑娘长大了，小男孩也长大了。也可能两家父母亲觉得这一对小朋友真的很般配很相爱，于是就安排他们成家了。昨天还是玩伴，今天要成为爱人，作为一个小姑娘，她内心该有多么复杂，内心的复杂以什么方式来表达呀！千言万语不如不说话！她低头向暗壁，不论这个年轻的新郎官怎么样叫她，她千唤不一回。这样一种低头的娇羞，这样一种千唤不一回的内敛，充分显示出咱们中国古典美的内涵。

当然生活还是要往前推进的，小姑娘变成了新妇，知道了人生还有很多很美好的事情和感情。于是，爱情婚姻生活有了升华：

十五始展眉，愿同尘与灰。
常存抱柱信，岂上望夫台。

诗歌写到这里，连用两个关于爱情忠贞的典故，要表达的是，当初的羞涩内敛已经变成了现在的至死不渝的相亲相依。

问题是，小两口不能"啃老"混日子吧！这个年轻的新郎官要担起家庭的责任了！于是作品继续往下展开：

十六君远行，瞿塘滟滪堆。

第三章 别意与之谁短长

五月不可触,猿声天上哀。

这一段比较典型地描述了那个时代,长江下游的男子,乘船一路而上,到巴蜀之地去做生意去谋生的过程,这一路也是充满了凶险。这个女主人公,她已经不再是当年那个天真烂漫的小姑娘了,她已经是一个在家的思妇。以往,身边一个人说远行就远行了,自己无动于衷;但是现在是自己的郎君走了,内心就充满了各种担忧;这样一种担忧、这样一种牵挂以什么方式表达呢?李白的诗笔控制得很好,他并没有直接呈现这个女子烦乱的心迹,而是说,你看眼前:

门前迟行迹,一一生绿苔。
苔深不能扫,落叶秋风早。
八月蝴蝶黄,双飞西园草。
感此伤妾心,坐愁红颜老。

女主人公默默抱怨:自从你走了呀,绿色就变成了黄色,春天就变成了秋天,我这个姣好的容颜也都无法抗拒时光的流逝,我都老了你啥时候回来? 我们注意到李白的这个诗笔很巧妙! 前面是一个小姑娘傻里傻气的样子,到这里已经变成一

53

个小媳妇儿嗲声嗲气的样子，这种扑面而来的生活气息非常浓郁！好了，我们继续往下看：

早晚下三巴，预将书报家。

相迎不道远，直至长风沙。

思妇说：我知道你在外打拼很不容易，但是你啥时候回来呀？我们知道，所谓三巴，巴西、巴中、巴东，泛指这个巴蜀之地。她问多早晚你才能从三巴返回，回来一定要提前告诉我一声，就像我们今天打个电话来个微信报平安，那么我可不怕道路的艰险，我要去长江边的长风沙渡口去迎接你回来。

诗歌以这样一种疑问和表白来结束。

我们看这首诗，它本身描绘了一对青梅竹马相亲相爱的小朋友变成了生死相依的爱人夫妻，将当年的那种甜蜜的"小确幸"，将当年的那种离别的小忧伤，最终变成了刻骨铭心的夫妻之间的、游子思妇之间的相思之苦相思之痛，写得很到位，那么，这里如何体现出古典文学的魅力呢？

首先，这首诗写这个男女主人公的爱情是朦胧的，它几乎没有一句直接说到他们的相依相恋、甜言蜜语、山盟海誓、天长地久，而是以青梅竹马、两小无猜、"羞颜未尝开"等点到为止,这样一种朦胧、这样一种不说透不说破,是中国古典文学之美的一种体现。

其次,当离别在即、当离别发生、当离别已经成为事实,这个在家的思妇她如何表达自己的心情呢?我们可以对比同一个题目之下的另外一首诗,《长干行》其二:

> 忆妾深闺里,烟尘不曾识。
> 嫁与长干人,沙头候风色。
> 五月南风兴,思君下巴陵。
> 八月西风起,想君发扬子。

主人公感叹:我以前长在深闺里,不知人间烟尘,但是嫁给了长干人,他一天风里来浪里去是多么忙碌,我真是好痛苦:

> 去来悲如何,见少离别多。

你看我都渐渐地衰老了:

> 自怜十五余,颜色桃花红。
> 那作商人妇,愁水复愁风。

你看我这么年轻美貌，结果，丈夫去做生意去忙生计，留下我在家里，这么美的颜色桃花红，却无可奈何地在愁水复愁风。

我们想一想，这个《长干行》其二写得好不好？写得真好！它充分地把一个思妇内心的矛盾痛苦都说尽了说透了，这当然好，但又不够好！优美的文学作品、优秀的文学作品，它往往是点到为止、含蓄内敛的作品，是一种表达纯粹的思念：没有原因，我就是想你，看到花也想你，看到草也想你，春天也想你，秋天也想你。

如果把刚才这个《长干行》其二中的这段各种牢骚抱怨痛苦纠结的表达，与其一的那一段"门前迟行迹，一一生绿苔。苔深不能扫，落叶秋风早。八月蝴蝶黄，双飞西园草。感此伤妾心，坐愁红颜老"空镜头般的场景进行对比，我们会发现，不说，比说了更有感情表达的魅力；欲说还休，比戳破说透更有一种绵长微妙的动人力量。

所以，这首《长干行》其一，它既接地气地表达了古代江南女子，甚至是中国古典女性内心深处的由恋爱到婚姻的非常曲折、非常微妙的心情变化；同时它又是纯粹的爱，它只书写思念本身，而不是展开描述思念的具体内容。因此千载之下，我们读到这样的作品，年轻的朋友谈恋爱的时候，看到青梅竹马两小无猜会有感动；年纪大的朋友已经成家的朋友，处在一种游子思妇状态的时候，看到这首诗的后半段，心中也会有共鸣。

我想这是古典文学的魅力，也是李白这一首诗的魅力。

三　静夜明月寄乡思

我们最熟悉的李白《静夜思》，居然是后人"改"出来的！

先来看一首南朝乐府民歌，这首民歌的题目叫作《子夜四时歌》，它写道：

　　秋风入窗里，罗帐起飘扬。
　　仰头看明月，寄情千里光。

我们来思考一下，联想一下，读到这里，能够想起李白的哪一首诗？

对！就是《静夜思》。

我们会惊奇地发现，这两首诗的情境、意境、情感实在"长"得太像了，李白他既是一个具有原创性、创造性、创新性的诗人,同时他又善于向传统学习、向民间文学学习。现在,我们就由这个《子夜四时歌》来看看李白的《静夜思》。

我们来背诵一下李白的《静夜思》,同时看一看下面两个版本的《静夜思》有何不同。

一首是这么写的:

床前看月光,疑是地上霜。
举头望山月,低头思故乡。

一首是这样写的:

床前明月光,疑是地上霜。
举头望明月,低头思故乡。

我想已经有人在质疑了,这第一个版本是哪来的?我们熟悉的《静夜思》不都是第二个版本这个样子吗!

那我们再回忆一下,大家能够出口成诵的这一首《静夜思》,是咱们口耳相传学会的,还是咱们看着书本有字读字学会的?

对了,我们会说,我小时候还没认字,爸爸妈妈叔叔阿姨就教我背这个"床前明月光,疑是地上霜。举头望明月,低头思故乡"了。所以从这个意义上讲,我们所熟悉的这个《静夜思》是"口耳相传"版本的《静夜思》,那么难道还有另外一个"眼见为实"版本的《静夜思》吗?

有的,就是刚刚那首看起来有些别扭或者奇怪的《静夜思》。

这个话题,我们从2008年的一则消息说起,2008年2月15号的《东方早报》刊载了一篇复旦大学陈尚君教授的文章,叫作《李白〈静夜思〉不存在中日传本的差异》,说的是当时一位在日本留学的华裔中学生,在他们的教科书中读到了李白的《静夜思》,发现《静夜思》居然是长这样的:

床前看月光,疑是地上霜。
举头望山月,低头思故乡。

这个同学在日本的纸版课本上读到的这首诗的文字,和他家里父母亲从小教背的这首诗的文字,是有区别的。于是他提出疑问,认为原来中国和日本关于这首诗的传本是不一样的。其实对于咱们专门研究李白的学者来讲,这首诗本身就有两个版本的——这是常识。一个版本是我们大众口耳相传的,一个版本是早期原创文献遗存的。只不过，口耳相传的这个版本太流行了，早期历史文献遗存的那个版本反而被淹没了。日本的教科书采用了早期文献遗存版，中国的教科书则在提供两种版本的前提下，采用了口耳相传版的。

那么大众口耳相传版和原创文献遗存版的差异主要在哪里？是第一句和第三句。一个版本写作"床前看月光"，一个版本读作"床前明月光"；一个版本写作"举头望山月"，一个版本读作"举头望明月"。其他都是一样的。说到底，其实就是两字之差，但是会给我们带来完全不同的感受。

那么我们就要琢磨一下，李白当时写的是什么样的？我们知道，唐诗的流传依赖于媒介，首先是唐代的写本，其次是后代的刻印本。唐代靠手工抄写的这个写本，它的数量极其有限，传播范围也比较有限；宋以后有了印刷术，刻印本传播就比较广泛了。我们把李白《静夜思》从唐代创作流行一直到宋元明清流传的各种版本进行一个考察，发现：从北宋一直到明朝中叶，李白传世的诗集中、其他人编选的唐诗选集中，这首诗出现的时候都是同一个面目：

床前看月光，疑是地上霜。
举头望山月，低头思故乡。

也就是说，在明朝中叶之前，《静夜思》就是上面这样的。那什么时候发生了变化呢？我们往下看，到了明朝永乐年间，比较重要的诗歌选本，高棅编《唐诗品汇》中"举头望山月"变成了"举头望明月"；到了明朝万历年间，另外一个诗选——曹学佺所编的《石仓历代诗选》中，"床前看月光"变成了"床前明月光"。在明代永乐和万历年间，这两句分别发生了改动，当然这两个改动是各自独立的。到了明末的时候，有一本书叫作《唐诗选》，书商们在编选的过程中，就把咱们刚才这两个变化合在了一起，从此之后世界上就多了一个《静夜思》的新版本：

床前明月光，疑是地上霜。
举头望明月，低头思故乡。

当然这个版本在明代的流行程度还不广，到了清朝，有很多很多的唐诗选本，开始选用明朝的这个版本，尤其是大家熟悉的《唐诗三百首》，它就用了今天大家流行的这个版本，然后这首诗就流传得越来越广越来越远，就成了我们今天看到的这个样子。

我们琢磨一下，这首诗在流传过程中，二十个字改了两个字，到底是谁改的？为什么而改？有两位专家解析得非常好。

一是中国李白研究会原会长薛天纬先生，他在《漫说〈静夜思〉》里谈道：一首文人诗来到民间，得到群众的喜爱，在流传的过程中，老百姓他就自然而然地用自己的生活体验和语言习惯来改造它，使它更适合自己的口味，这种改造，反过来加速与扩大了诗的传布，而随着这首小诗的广泛流传，人们心目中的李白也变得更为平易可亲了。

二是南京大学的莫砺锋先生，他认为，出现了两个"明月"的这个版本，这是一千三百多年来读者的集体选择，古诗流传的历史也是读者参与创造的过程，大家觉得这样更美，这样更朗朗上口，是百千万读者共同选择了这个版本，今人读到的这一首《静夜思》已经不仅仅是一首唐诗，它其实凝结了一千三百多年来一代又一代人的审美创造，所以我们后人应该对这首诗的现状抱以一种尊重的态度。可以说这一首诗版本的变化，代表了我们普通读者的共同的心声。

那咱们接下来对这两个版本的《静夜思》也稍微做一点点阅读和审美层面的分析，探讨一下，为啥我们老百姓的选择就好。

第一点，"床前看月光"和"床前明月光"的区别。这里

"看"是一个动词，有一个行为发生——要看月光；而"明"，它是个形容词，表达月光的亮度。我们发现，古往今来我们人类都有天然的"惰性"——怎么舒服怎么来。从一定意义上讲，这个"看月光"我们不还得费点心思吗？不还得用点力气吗？那"明月光"多好，睁开眼睛我们都不用刻意去看，我们就感受到明月光了。看月光，会有一种我们自己一定要主动参与的意识；而明月光，我们已经被它包围了。"床前明月光"这样一种表达，可能更符合老百姓表情达意的习惯，更符合老百姓日常的心理期待和愿望。

第二点，"举头望山月"和"举头望明月"，哪一个更好？我个人打内心深处感觉到，的确是"举头望明月"更好。为什么这么说，我以前是在新疆工作，"举头望山月"，举头望天山之月，几乎是天天可以发生的、天天可以看到的景象；当后来我到海南工作，我发现没有山月，只有海上生明月，我可以举头望海月，有时还低头或者平视望海月。那么，我们再想象一下，你可能在江边举头望江月，你可能在丛林中举头望树月，你可能在城市里举头望楼月，所以不同的人都会有不同的情境，问题是这首诗他原创写作了"望山月"，那么我们这些望海月、望江月、望楼月的人，是不是跟它就无缘了？这个时候，我们发现，我们中国的读者、我们中国的民众真是太聪明了，还是把这个山月改成明月吧。你在海边望，你在山中望，你在楼下望，你在丛林中望，不论你在哪里望，都是一轮明月，这首诗就突破了地域的限制，成为我们所有中国人、所有读汉语诗歌的人内心深处共同的一个寄托——"举头望明月，低头思故乡"。

第四章
欲渡黄河冰塞川

欲渡黄河冰塞川，将登太行雪满山。

——李白《行路难》

李白以安陆为大本营，在长江流域漫游干谒，不仅没有找到仕进之路，还得罪了不少地方长官。于是，他决定西游北上，到唐帝国的首都长安，去探索和试图实现他的政治理想。然而，他的长安之行，却充满了辛酸、悲苦与无奈。

李白离开安州时、在长安等待机会时、无奈辞却长安时，都在诗中提及《战国策》里孟尝君的门客冯谖弹长剑的典故，为什么呢？

一入长安失败，李白写下《行路难》，他呐喊"大道如青天，我独不得出"，又以姜太公和伊尹大器晚成的典故来安慰自己，为什么呢？

李白行走了长安道，无果而终；书写了蜀道难，难于上青天；但他念念不忘另外一条道——谢安的东山再起，为什么呢？

一 一入长安弹长剑

关于长安梦想，在李白当年离开四川写下"莫怪无心恋清境，已将书剑许明时"的诗句时，他已经表达得很到位了。但是一个二十来岁没有政治根基的年轻人，希望到长安城里去实现自己的远大抱负，那还是有很长的时空距离的。根据第二章我们对李白的那一把"总钥匙"的分析，我们可以毫不怀疑地讲，李白在这一段时间的漫游干谒，一定程度上是在为他入长安做准备；甚至我们也可以推测，李白遇到司马承祯，跟司马承祯有非常良好的互动，可能这些因素都已经在为李白入长安做某种铺垫。但是一个年轻人他下决心要去长安试一试，还是要有方方面面的准备，还会面临不期而遇的压力。

李白向不同区域的地方长官推荐自己，尤其是向安州的地方长官屡屡干谒，希望地方长官能够认可他欣赏他，为他提供一条直通长安、直抵朝廷的渠道。但是这条路并不太顺利，李白经常会被其他人误解，甚至是遭受污蔑诬陷。所以我们会看到李白在湖北安陆留下不少进行自我辩白的文字。这个问题，值得我们认真思考。我们还记得李白在渝州（重庆）向李邕自我推荐时候的状况吧，很明显，当时的李白也已经很优秀了，而且得到过苏颋的赞誉；但是在李白实际的社交过程中，李邕这样一位当代大儒大诗人大学者尚且对李白有偏见，更何况远远不及李邕的其他人呢！安州的地方长官待李白如何？其详莫考，但李白的一系列辩白文章如《上安州裴长史书》却是明明白白摆在面前的。

我们就从《上安州裴长史书》开始，为大家来解读一下李白的无奈处境，以及如何听从内心的呼唤，开始西入"秦海"初探长安的历程。

李白的《上安州裴长史书》是很长的一篇文章，它既表达了对裴长史尊敬，也回顾了自己的家世和成长历程，还多方展现了自己的能力水平、才华人品。在这篇文章最后，李白说他向来仰慕裴长史的高义俊德，只是无缘相见；还好现在裴长史到安州来做官了，李白终于有机会接近他了；只不过，此时此刻的李白受到方方面面的误解，甚至是谗言诋毁，被这个裴长史视为另类，所以李白给裴长史上书，希望表白自己的心迹，尽释前嫌。

在《上安州裴长史书》中，他是这样表态的：

愿君侯惠以大遇，洞开心颜，终乎前恩，再辱英盼。白必能使精诚动天，长虹贯日，直度易水，不以为寒。

希望裴长史您能够对我李白赐以厚恩大德，再给我一个机会，再看我李白一眼，假如您给我这样一个机会的话，假如您器重我重用我的话，我一定能够做一番惊天动地的事业，让您引以为傲、引以为豪。

若赫然作威，加以大怒，不许门下，逐之长途，白即膝行于前，再拜而去。

但是您如果听信别人的谗言诋毁，对我李白依然有偏见的话，我李白是一个懂得礼法的人，假如你要赶我走，我就膝行于前再拜而去。我离开这安州，去哪里呢？我要：

西入秦海，一观国风，永辞君侯，黄鹄举矣。

离开了安陆，我要去"秦海"，当然这个"秦海"就是指三秦之地，这个国是指国都长安城，我要看一看国风——我要去领略一下我们大唐的首都长安的风采。拜拜了您呐！黄鹄举矣,我要展翅高飞,像我当年所表达的那种人生志向——大鹏一日同风起,抟摇直上九万里。

整个这篇《上安州裴长史书》,写得是文采斐然、气势饱满,可以看作李白小半生的高度总结,更是李白铮铮傲骨与满腔气血的充分表现。我们特别留意到,他在《上安州裴长史书》的最后又说了一句话——

何王公大人之门,不可以弹长剑乎?

李白想干啥?李白为什么想弹一弹这个长剑呢?

《战国策》有一个经典篇章叫《冯谖客孟尝君》,就记载了这样一个跟弹长剑有关的故事。大家知道,齐国的相国孟尝君好养门客,冯谖就来投靠孟尝君。进行入门测试的时候,冯谖说我也无能我也无好,你们要不要。孟尝君,当然是一位非常有胸怀有城府的家主,更是一位见多识广见怪不怪的高人,他看到这种简历上一个字都不写的人,就毫不犹豫地收下了!收下之后,当然因为他又无能又无好,相府的总管给他的生活条件配置就比较低。面对粗疏简陋的生活待遇,冯谖就坐在庭院里,倚着柱子,拿起他的长剑,一边弹一边唱:"长铗归来兮食无鱼!……长铗归来乎出无车!……长铗归来乎无以为家!"

意思是说，我都做了孟尝君的门客了，吃饭没有鱼，出门没有车，家里还有老妈没人管，孟尝君您啥态度嘛！孟尝君怎么能这样对待门客嘛！

孟尝君了解有关情况之后，立即给他提高了生活待遇，给他配上了车驾，给他安顿好了家中老母，冯谖从此不复再歌。后来，冯谖发挥他的聪明才智，不仅为孟尝君牢牢巩固了其封邑薛地的影响力，更以狡兔三窟的方式为孟尝君夺回了失去的相权。所以这个冯谖弹长剑的典故，就是指这样一种隐藏在民间的具有卓越才华的士人，得到身居要位者的赏识和厚爱后，在广阔的政治舞台上大有作为，来回报知遇之恩。

李白在这篇长文的结尾用了冯谖客孟尝君的典故，至少是向安州裴长史表达两个意思：第一，我李白是有卓越才华的，您这里不用我，到了长安城，一定有人赏识我，"何王公大人之门，不可以弹长剑乎？"第二，你们这些地方官没有胸襟格局容纳我李白的才具与个性，但是长安城里王公大人会为我李白提供平台，让我发挥能力才华做一番"使寰区大定，海县清一"的事业。

那么，李白到了长安之后怎么样？我们接着看他还有没有再次弹剑。

开元十八年（730）春夏之交，李白从安州（湖北安陆）启程，取道南阳西入长安。李白到了长安之后，他去找什么人、通过什么渠道表达自己的政治诉求？

我们从现存的资料来看，他应该是朝着玉真公主这个目标争取的。玉真公主，是唐玄宗李隆基的胞妹。武后时期朝廷皇宫屡屡发生腥风血雨，李氏皇族遭受严重翦杀，李隆基最终剩下的唯一的同胞至亲就是玉真公主。玉真公主一心向道，还曾经在玄宗安排下到王屋山阳台观拜司马承祯为师，专事修行。虽然李白此次入京的具体细节无法完全还原，但是我们大致可以了解到：玉真公主是他干谒的非常重要的目标人物，李白希望通过玉真公主这条线走通他的长安道。也许玉真公主真能够帮到李白，但玉真公主岂是一般的凡夫俗子能够接近的，尤其是像李白这样一个并没有任何出身的人，他如何接近玉真公主？

按照当前学界比较通行的说法，李白通过不同角度不同方向的努力，找到了当朝的宰相张说的公子之一张垍。张垍在皇亲国戚中有着特殊的身份，李白希望通过张垍来跟玉真公主沟通。张垍表面上答应了李白，但在实际操作中却以种种方式冷遇李白。

关于当时的情况，我们可以看两首诗。一首是李白的《玉真仙人词》：

> 玉真之仙人，时往太华峰。
> 清晨鸣天鼓，飙欻腾双龙。
> 弄电不辍手，行云本无踪。
> 几时入少室，王母应相逢。

李白在这首《玉真仙人词》里对于玉真公主不吝辞采，充分地赞美玉真公主，希望得到公主的垂顾。然而张垍对李白却采取了一种非常巧妙的拒斥和打压。张垍把李白安排到玉真公主别馆。这个玉真公主别馆是玉真公主设在终南山中的一个自己得空去修仙学道的道观。而事实上玉真公主很少去这个别馆。李白寄住在玉真别馆，望穿秋水等待玉真公主的驾临，左等右等，没有结果。李白就这样被晾在了这里。在这个尴尬的处境中，李白的内心非常复杂，他写下了《玉真公主别馆苦雨赠卫尉张卿二首》。

李白在作品中写道，这个秋天长安苦雨连绵，天上连降暴雨，好像把水井翻过来往下倒一样，雨势太大了！李白就这样困在终南山中，既无缘见到玉真公主，也无法更不敢离开别馆，哪里还能申述、表达和实现自己的理想，一天一天地挨日子，一天一天地熬过去……

在诗中，李白对于张垍颇有微辞，但也一筹莫展，那么何以解除眼前痛苦？只有一杯一杯又一杯的苦酒聊慰胸怀；李白就这样苦苦等待，可是始终没有任何消息，这时候李白就发出了第二次弹剑的感慨——

弹剑谢公子，无鱼良可哀。

可见这一次李白入长安，他的长安道并没有打通，他的梦想并没有实现，他也并没有被长安城里上至皇帝、玉真公主，下至王公大人所认可，于是李白就不得不离开长安城，到京畿周边的州县漫游寻找新的机遇。当然也是无果而终。既然徘徊魏阙之下，不得其门而入，那么李白只有浪迹市井。李白善饮酒，长于舞剑，当时他大概也结交了一批长安城市井的风流少年。在与他们的交往中，得罪了长安城里的这些市井恶少，甚至发生了严重的冲突。幸好有朋友救李白，逃脱了"北门之厄"。李白经过这样一次磨难，内心深处也就多了一个伤疤，他来长安探索政治出路的热情也几乎降到了冰点。

李白当年怀着"何王公大人之门，不可以弹长剑"的心态，来到长安城，希望在长安城里大展宏图，岂料玉真公主没有见着，张垍张公子也欺骗了自己。此行不但一无所获，还差点惹祸。而到了现在，李白不得不灰溜溜地离开长安城，他提笔写下一组《行路难》，其中第一篇感叹"欲渡黄河冰塞川，将登太行雪满山"，第二篇就呐喊："弹剑作歌奏苦声，曳裾王门不称情"。

这是第三次弹剑！

从西入秦海前的"何王公大人之门，不可以弹长剑乎"，到终南山玉真别馆苦雨中的"弹剑谢公子，无鱼良可哀"，再到无奈离开长安后的"弹剑作歌奏苦声，曳裾王门不称情"，李白这三次在诗中化用冯谖弹剑典故，非常清晰地给我们还原了李白一入长安的失败经历。

二　把酒放歌行路难

李白遭受了初入长安的这次打击，内心非常沉重，也非常痛苦。他灰头土脸、无可奈何地离开了他心中理想的政治中心长安。李白内心的种种痛苦、种种纠结、种种无奈交织在一起，一定要迸发出来。从一定意义上讲，李白不仅仅是一个希望实现政治功业的人，李白更是一个诗人，所以他内心的这种种情怀就必然会通过诗歌来表达。

在这个时期，经历了人生低谷的李白，其诗歌创作就迎来了第一个高峰，出现了大家所熟悉的《行路难》《蜀道难》《梁园吟》《梁甫吟》《长相思》等一系列作品。咱们就以《行路难》的第一首为代表做一个分析，看看此时此刻李白的心情是如何复杂，又是如何微妙。

> 金樽清酒斗十千，玉盘珍羞直万钱。
> 停杯投箸不能食，拔剑四顾心茫然。
> 欲渡黄河冰塞川，将登太行雪满山。
> 闲来垂钓碧溪上，忽复乘舟梦日边。
> 行路难！行路难！多歧路，今安在？
> 长风破浪会有时，直挂云帆济沧海。

李白是一个酒徒，好酒好美食，但是面对眼前"金樽清酒斗十千""玉盘珍羞直万钱"的豪奢盛宴，李白的选择却是"停杯投箸不能食"，他吃不下去，咽不下去。那就给我们读者造成一种紧张感，为啥？李白给我们的答案是——"拔剑四顾心茫然"。我们一定还记得当年李白离开故乡的时候说的——"莫怪无心恋清境，已将书剑许明时"。志在四方的李白不是要仗剑远游做一番顶天立地的事业吗？而眼前却发现，自己拔出了龙泉宝剑，看看周围，不知道要刺向哪里，就是空怀报国之志、空怀一腔热情、空怀满腹才华却无处施展！

为什么会如此心茫然？李白接下来给我们描述了他的困境——"欲渡黄河冰塞川，将登太行雪满山"。这两句就非常好地扣住了这首诗的题目"行路难"。我们来斟酌一下，这是真的在描述渡黄河登太行的困难吗？他这样写行路难，恐怕主要并非指自然界的行路之难，而是指人生道路、政治出路的艰难。他的人生到了这样一种境地：他希望有所作为、希望有路可走有路可循的时候却困难重重，行路难。我想这是一个年轻的读书人追求自己理想的过程中必然碰到的情景，也是李白此时此刻具体的现实处境的典型描绘。

但是，好像李白还挺会自我调适的。他接着写道——"闲来垂钓碧溪上，忽复乘舟梦日边"。这时他想起了两个人物，谁？七八十岁尚且在渭水之畔钓鱼的姜太公，以及年事已高但依然没能够有作为的伊尹。可是姜太公在碧溪之上钓鱼，钓来了周文王、周武王，钓来了他辅佐君王伐纣、建立周朝天下的这一番伟大功业的机会；伊尹梦到自己乘这个小船，经过太阳的身边，结果商汤来请他出山成就了灭夏立商的功业。这两位历史人物，都是大器晚成。李白特意把他们俩拿出来，是在表达什么意思？我李白年纪还不算大，比起姜太公比起伊尹，我也还有机会，我可以大器晚成嘛！所以李白此前焦躁的不安的内心，就逐渐地平复了。

李白可以等待，接下来的问题是，等到啥时候呀？诗歌又发生了新的变化——"行路难！行路难！多歧路，今安在"。李白我眼前没有出路，依然寸步难行，这个多歧之路，它在哪里？我们在这里还要跟大家沟通一个重要的文化史知识。这个"多歧路"，多歧之路，是个啥意思？中国李白研究会前会长薛天纬先生专门撰文《"歧路"解》，梳理古今文献，非常清晰透彻地解读了歧路的含义。我们说一条大道旁边开一个小岔路，称为歧路、歧途；但是在更多诗文中，这个歧路或者多歧之路，恰恰表达的是一种通向未来的光明大道。李白问"多歧路，今安在"，难道李白是想找旁逸斜出的歧路吗？很明显不是。这个多歧之路它应该是一种光明至少是宽敞通达的大道；李白的发问是，我理想中的道路在哪里？

"多歧路，今安在"，大道在何方？李白最终又寄希望于未来——"长风破浪会有时，直挂云帆济沧海"。应该有那么一天，让我李白，乘长风破万里浪，直挂云帆做一番大事业。那么做了这个大事业之后怎么样？济沧海。

我们还要做一点点小小的说明。这个"直挂云帆济沧海"，唐诗研究界学者专家主要有两种不同意见。一种意见认为，"直挂云帆济沧海"化用了宗悫乘长风破万里浪的典故，它更多侧重于济苍生的意思,就是能够长风破浪直挂云帆做一番事业,让天下苍生因为我的存在、因为我的功业都能够幸福安康。另一种意见认为,"直挂云帆济沧海"是指我要长风破浪直挂云帆,做一番事业之后浮海而去,从此远离现实的功利政治,远遁而去,逍遥自在,就像大家熟悉的"沧海一声笑"一样。这两种理解,我们列举出来,供朋友们斟酌。

这一章的题目叫作"欲渡黄河冰塞川",其实想表达的就是李白行路难的心态。李白在这个阶段中有很多重要的诗歌创作,不论是我们现在讨论的《行路难》其一,还是其他几首《行路难》以及《蜀道难》,他反复表达的都是:我有一种理想,我有一种志向,但是在现实生活中、在现实的政治环境中无法实现。

不过,我们有没有发现,《行路难》在李白诗歌的表达中好像还有点微妙,微妙在哪里?咱们把这首诗再回过来看一下。大家来想一想,李白表达行路难,是不是彻头彻尾的痛苦、失望,不是!是不是没心没肺的开心乐观,也不是!好像是一种犹犹豫豫反反复复的心态。

李白在《行路难》这首诗中,他表达的感情是比较矛盾的。一方面他觉得眼前"欲渡黄河冰塞川,将登太行雪满山",行路太难了,就像当下大家喜欢讲的网络语言——我太难了,那么我们也顺便问问，你有李白难吗？再回到诗歌中来，李白重新调整思路，其实我也可以大器晚成，我也还有继续努力的余地，我也还有今后去争取的可能性，于是，他的内心似乎又得到了平复，心情又好一些了。心情调整好了，但面对眼前的困境，又感慨那你让我眼下怎么过？我的大道在哪里？他又觉得内心不平衡了。心理失衡之后，他再自我调整，没关系我还要再努力，"长风破浪会有时，直挂云帆济沧海"。可以看出，整个这首诗就反映着李白内心深处感情反复起伏变化的状态，而最终表达的是一种光明的充满希望的心愿。

我们可能也有过类似体验。青春少年考上大学，在大学里遭受一些小坎坷小挫折之后，心情会有起伏，但最终依然元气满满地毕业走向社会；青年才俊在工作之后，也往往会遇到来自方方面面的大大小小的坎坷和打击，这时候，静下心来想一想，没关系，我这么年轻，时光还来得及，机会还一大把，抗压能力还很强，大不了大器晚成嘛，所以我还要元气满满地继续努力！

我们忽然发现，李白此时此刻，遭受了这样一种人生打击，身处于这样一种人生低谷，他的诗歌明明表达的是个人的痛苦、个人的心情、个人的情怀，但是他好像无意中把咱们共同的心声都表达出来。

不知读者有没有发现，在我们为大家梳理李白人生起落的过程中，李白已经逐渐地从那一个我李白变成了我们的李白，他不由自主地在为我们大家发声了。

三　蜀道尽头是东山

李白初入长安遇挫，心情之复杂，境遇之难堪，真如同蜀道之难。那么，这样的难，有没有破解之道？

我们从大家熟悉的《蜀道难》出发，看看蜀道的尽头是什么。简要地回顾《蜀道难》，我们会发现蜀道至少有三难。

第一，秦蜀之间，以前没有路，世间本没有蜀道，"地崩山摧壮士死，天梯石栈相钩连"，才有了蜀道，所以蜀道的难，在它的开辟之难。

第二，尽管有了蜀道，但道路太过艰难险阻，要穿越蜀道实在太难，"黄鹤之飞尚不得过，猿猱欲度愁攀援"，这是蜀道行进之难。

第三，即使到了蜀地，那里也充满了各种危险，"朝避猛虎，夕避长蛇"，这是蜀地居留之难。

我们从李白一入长安之后的诗歌看得出，他既向往他的政治理想所在的长安，又觉得这个长安充满艰难与凶险，就像这个蜀道一样；在这个意义上来看，"蜀道难"也是"行路难"。

李白的心思表达没有在这里停下，李白的文学创作还在继续，他离开长安之后一边漫游一边思考，一边用诗歌来表达自己的心情。他写了《梁园吟》《梁甫吟》。

他在《梁甫吟》里写道："风云感会起屠钓，大人岌屼当安之！"古往今来那些政治上有大作为的风云人物，往往是从市井屠钓之中脱颖而出的；我李白现在是不名一文的普通人，也许有一天我还会有这样的机会。

李白在《梁园吟》里又感慨：我痛苦我忧伤我喝酒我唱歌，"歌且谣，意方远，东山高卧时起来，欲济苍生未应晚"，他这里提到了东山高卧的典故，我们都知道这是在说谢安谢东山，李白觉得自己还可以效法谢安，可以等待东山再起的机会！

李白近一千首作品留在了今天，其中有二十四首作品提及谢安，在李白的心中，谢安是他在政治作为方面甚至在人格特点方面的一个偶像。谢安，出身很高贵，又满腹才华，只不过在现实的政治浮沉中他选择了东山，就是在今天绍兴会稽山山阴的这个东山隐居，与王羲之、许询等文人才子，漫游往还，寄情山水，一心一意地教育家中子弟。当东晋遇到了重大的挑战，尤其是前秦苻坚率百万大军南下讨伐东晋的时候，谢安毅然承担起重任。他运筹帷幄，调兵遣将，起用侄子谢玄前往前线，打了一场漂亮的淝水之战——这是中国历史上非常经典的一场战役。而谢安也由此成为历朝历代文人经常追慕并自我期许的偶像，就是当朝廷不用我、疏远我的时候，我能够隐居东山，一旦天下苍生社稷有难，我就东山再起做一番功业。

我们看到，李白在一入长安之后，遇到了这么多的坎坷不幸，写了这么多的"行路难"之后，他依然满怀着对未来的期望。因此，我们可以说蜀道虽然难，但是蜀道的尽头可能是东山再起，至少此时此刻的李白是这样考虑的。

第五章

与尔同销万古愁

> 呼儿将出换美酒，与尔同销万古愁。
>
> ——李白《将进酒》

李白一入长安，无果而终，他西游太白、武功，最终依依不舍地离开八百里秦川；东到开封、洛阳，上嵩山，拜访了他的老朋友元丹丘；北上三晋大地，造访太原，游雁门关；南归后又在今湖北境内的安陆、随州、襄阳一带漫游。这段时间的生活，李白自称为"蹉跎十年"。事实上，李白密集纵横来往于长江、黄河两大流域，反复经行于名山大川与通都大邑，这是他的人生之旅，也是李白诗歌增加宽度、厚度和浓度的诗歌之旅。

据说，荆州长史韩朝宗特别善于为国荐贤，于是，李白满怀期望地向他求助，写下了著名的"生不封万户侯，但愿一识韩荆州"，结果，李白还是失败了，原因在哪里？

元丹丘在李白的人生历程中发挥着极其重要的作用，甚至影响到李白的诗歌创作，假如没有元丹丘，会不会有《将进酒》？

启功先生说，唐诗是"嚷"出来的，李白的《将进酒》就是这样一首嚷出来的好诗，您觉得呢？

一　但愿一识韩荆州

这段时间，李白也继续向地方官干谒，谋求建功立业的机会，但也往往以失败告终。为什么？我们看看李白写给荆州长史韩朝宗的自我推荐信，大概也就明白其中的原因了。

这封推荐信可谓三赞两夸一请求。

三赞是赞韩朝宗：

白闻天下谈士相聚而言曰："生不用（封）万户侯，但愿一识韩荆州。"何令人之景慕一至于此耶！岂不以有周公之风，躬吐握之事，使海内豪俊奔走而归之，一登龙门，则声价十倍！所以龙蟠凤逸之士，皆欲收名定价于君侯。

一赞，李白先引用当时流行的说法"生不用（封）万户侯，但愿一识韩荆州",极度赞扬韩朝宗的影响力,把韩朝宗比作渴望贤才以至于"一沐三握发,一饭三吐哺"的周公,周公求贤若渴,有贤才来访就放下手头一切事务去接见,无论是沐浴还是吃饭,都是如此,以至于沐浴也被多次打断、手握着湿漉漉的头发来见贤才,吃饭也多次打断、吐出嘴里的食物来见贤才。正因为韩朝宗是这样的礼贤下士,所以,天下的人才,都希望借韩朝宗的影响力,收名定价,一登龙门。

>君侯制作侔神明,德行动天地,笔参造化,学究天人。

二赞,李白接着以极度夸张的口吻夸韩朝宗笔参造化,学究天人,其文章作品如得神明之助,其德行可以感天动地。

>今天下以君侯为文章之司命,人物之权衡,一经品题,便作佳士。

三赞,李白还以崔宗之等人受韩朝宗推荐而名扬天下为例,说全天下文士都把韩朝宗当作文章之司命、人物之权衡,只要经过韩朝宗品题推荐,就由凡夫俗子变成了名士高人。

李白以三赞充分地表达了对于韩荆州的仰慕、钦佩,赞美了韩荆州的胸襟气度以及能够推荐读书人、让他们一登龙门身价百倍的能力。

夸完了韩荆州,李白是不是应该弱弱地表示:希望您推荐一下我李白吧,帮帮忙吧?如果李白是这样甘言卑辞,那就不是李白了!我们看李白是怎么说的,他是两夸,夸自己的过去,夸自己的未来。

> 白,陇西布衣,流落楚汉。十五好剑术,遍干诸侯。三十成文章,历抵卿相。虽长不满七尺,而心雄万夫。王公大人,许与气义。此畴囊心迹,安敢不尽于君侯哉!

一夸自己的过去,那是文武双全,心雄万夫,在京城则拜会卿相,在地方则交往诸侯,王公大人,许与气义,个个对李白都是赞不绝口。李白说,这些都是我曾经的光荣事迹,可不敢隐瞒您,必须一五一十地向您汇报。

> 必若接之以高宴,纵之以清谈,请日试万言,倚马可待。

二夸自己的未来,如果韩朝宗能给我李白机会,那李白必能高谈阔论，汪洋恣肆；下笔万言，倚马可待，为您献上花团锦簇的好文章。

我们感受一下，李白这是在求别人推荐自己，还是在"自恋自夸、自吹自擂"？

一请求是李白向韩朝宗请求：

> 愿君侯不以富贵而骄之，寒贱而忽之，则三千宾中有毛遂，使白得颖脱而出，即其人焉。

> 幸愿开张心颜，不以长揖见拒。

> 而君侯何惜阶前盈尺之地，不使白扬眉吐气，激昂青云耶？

李白希望韩朝宗以真才实学而不是以富贵或者贫贱区别对待名士；李白化用战国时期毛遂向赵国平原君自荐的典故，希望韩朝宗就是养士三千的平原君，自己则一定能成为脱颖而出的毛遂；希望韩朝宗不要因为李白没有行跪拜之礼、只是施长揖之礼而迁怒；更希望韩朝宗不要吝惜阶前盈尺之地，不要舍不得给李白一个"扬眉吐气，激昂青云"的机会；只要韩朝宗同意,李白迫切希望能够委身国士,效微躯之力。

我们来看,此时此刻的李白,他仍然只是一介布衣;韩朝宗是不是真具有衡文辨才为国举贤的胸怀和影响力,可以另行讨论,但不论是年龄还是地位,李白都需要仰视韩朝宗,尤其现在李白是来拜求韩朝宗,希望他能够推荐自己。这里会有一个天然的不平等,会有一种距离感。

但是,我们在这封信中看到的似乎是另外一个样子:李白的三赞对于韩朝宗有充分的肯定、赞美,这样一种赞美,不是一般意义上的溜须、谄媚,而是把韩朝宗比作古往今来那些为国荐才、举贤授能的人物。他对韩朝宗的格局定位非常高。接下来,李白介绍自己,他的态度不是唯唯诺诺,可怜巴巴,而是自信满满,掷地有声,他认为自己的出身、才华、能力都不错,恰恰需要韩朝宗这样的伯乐来把他这匹千里马能够推荐出去;甚至流露出这样一种语气:韩朝宗大人,君侯您推荐了我李白,不仅是对我李白的成全,也是对您自己美名的成全。

从这里,我们就能够看得到李白身上一贯的狂傲,这种狂傲中包含了我们今人所看重的独立平等的意识,即使对方在朝野影响力很大、此时又位居当地首长,李白也并没有流露出猥猥琐琐、不知所措的无奈、可怜、低眉俯首之状。

李白身上的这种风格、特点,是一以贯之的。往前看,我们可以回忆一下，李白到渝州（重庆）去拜访李邕的时候，李邕对他爱搭不理，李白曾经写下大家熟悉的那一首《上李邕》，他张口就把自己比作展翅高飞的大鹏鸟，他表示，很多凡俗之人他们都看不懂我，都不能理解我的大气磅礴，那么李邕先生您应该懂吧！我们会发现，此时此刻李白向韩朝宗上书这个口气，跟《上李邕》是类似的。如果再向后看，后面我们还会解读大家熟悉的另外一首作品，《梦游天姥吟留别东鲁诸公》，在这首诗的最后李白也有类似的表达："安能摧眉折腰事权贵，使我不得开心颜！"

李白他是不是真的就不事权贵了？非也，李白还是要有求于权贵的，还是希望能够在王公大人之门弹长剑，然后有所作为的。只不过李白去干谒这些王公大人和权贵的时候，他不是那种低眉顺目、可怜巴巴的样子，而是志存高远，心雄万夫，一种满满的自信状态。

这个状态，它是贯穿李白一生的。从一定意义上讲，这既是李白的性格、李白的特点、李白的形象，也是相当一批唐宋文人的气节、风骨。这种精神状态，这种心理状态，也跟我们所向往的盛唐气象的"神来、气来、情来"，具有内在的一致性。这也是我们在千载之下会喜欢、会仰慕李白的重要原因。

当然，话又说回来，韩朝宗看到这封《与韩荆州书》，会做如何反应，大家可想而知。这次，李白的干谒活动依然是无果而终。

一次一次的无果而终，李白称之为"蹉跎十年"；一次一次的南北行旅，李白郁积了愁苦万般。总得找一个宣泄爆发的突破口吧！

二　黄河之水天上来

大约在李白三十六岁的时候，这一年的秋天，他再次回到洛阳，不久上嵩山拜访了老朋友元丹丘的颍阳山居，与另外一位老朋友岑勋，他们三人在一起痛饮，喝得酩酊大醉，就有了大家熟悉的《将进酒》。

君不见，黄河之水天上来，奔流到海不复回。君不见，高堂明镜悲白发，朝如青丝暮成雪。人生得意须尽欢，莫使金樽空对月。天生我材必有用，千金散尽还复来。烹羊宰牛且为乐，会须一饮三百杯。岑夫子，丹丘生。将进酒，杯莫停。与君歌一曲，请君为我侧耳听。钟鼓馔玉不足贵，但愿长醉不愿醒。古来圣贤皆寂寞，惟有饮者留其名。陈王昔时宴平乐，斗酒十千恣欢谑。主人何为言少钱，径须沽取对君酌。五花马，千金裘。呼儿将出换美酒，与尔同销万古愁。

《将进酒》，是李白的一首代表作，这首代表作，既是李白全集中的代表作，更是李白这一时期内心世界的最丰富、最到位的一个呈现。中国李白研究会原会长薛天纬先生在重读《将进酒》时有这样一段感慨：

> 中国素称诗的国度，中国诗的特质是抒情。唐诗是中国传统诗歌的代表，李白是唐代独一无二的天才抒情诗人。而《将进酒》，在我看来，乃是李白抒情诗的第一名篇。我们读诗要读名篇，名篇有长久的鲜活的生命力与感染力，如旦晚脱笔砚者，一回拈出一回新。名篇是历史筛选的结果，在古今读者的赞赏声中，也经得起某些挑剔。

我想，《将进酒》的确是这样一首经典的诗歌名篇，自然有其强大的生命力与感染力。但是我发现，我们要把《将进酒》这首名篇读懂，读透，还得做一点功课，比如说《将进酒》这个题目到底是什么含义，比如说《将进酒》涉及的人物岑夫子、丹丘生都是谁；还有，《将进酒》中有些字词诗句有着多种理解的可能性，到底哪一个更有道理。这些硬核知识，在解读这首诗的时候，是有必要知晓的。

第一，题目，为什么读 qiāng 进酒，不读 jiāng 进酒？这里主要是想通过读音的差异强调一下它在意义上的差异。读作 jiāng，我们一般作"将要"的意思来解；而读作 qiāng，是表达"请"的意思。因为这首诗的题目它本身就是一个乐府古题，是一首劝酒歌，《将进酒》这个题目的意思，也就是请进酒、请喝酒；而我们从李白诗句中完全可以感受得到，李白是在反客为主地劝大家饮酒饮酒再饮酒。所以，我们依据《辞海》《辞源》，理解为请的含义，读作 qiāng 进酒，更合适。

第二，诗中点名的这两个人岑勋、元丹丘是谁？这岑勋是谁？岑勋在历史上记载的确很少，但是在李白的诗中却不止一次出现；他跟李白的私交不错，经常跟李白、元丹丘在一起交游。如果我们要寻找关于岑勋更多的资料，熟悉书法的朋友都知道，颜真卿书法代表作有一篇叫《多宝塔碑》，这个碑文的书写是由颜真卿精心完成的，这个碑文的文字内容是谁撰写的？就是岑勋。岑勋的思想、文采，都可在碑文中窥见一斑。元丹丘，是与李白关系极其密切的道友，对李白的人生道路发挥了非常重要的影响，我们将在下一章详细介绍。

正因为是关系密切的好友，李白在元丹丘的山居才会比较放得开；也正因为他们私交非常好，元丹丘才非常理解李白一入长安内心受伤、十年蹉跎失意彷徨的状况。元丹丘就频频地约请李白一起来见面、聊天、喝酒，安慰劝导人生失意的李白，于是就有了这一次李白和岑勋一起拜访元丹丘颍阳山居。

李白住在元丹丘的颍阳山居，吃着丹丘生的，喝着丹丘生的，喝多了，还强制要给丹丘生唱歌听，还埋怨丹丘生怎么不提供酒了，就这样闹来闹去，闹出了这一篇《将进酒》。所以话说回来，假如没有丹丘生，李白也会写很多与饮酒相关的作品，但是这首《将进酒》可能就没有了。

第三，具体字词的理解，我们仅以"天生我材必有用"为例。大家考虑一下，"天生我材必有用"的这个"用"，是什么意思？至少有两种可能性。第一种可能性，是我们都比较熟悉的，苍天生我来到这个世界上，我一定有我可用之处，有我的特长，有我的优势，也有我可以发挥自己能力的平台，这个"用"是用途、用处、大用的用。第二个可能性，是指生活中讲吃穿用度之用，有用也就是能够拥有经费自由；"天生我材必有用"的下一句是"千金散尽还复来"，如果我们把二者结合起来看的话，这个"用"作为吃穿用度的用，也是说得过去的。如果我们从用处之用和用度之用两个角度来解读"天生我材必有用"，其意义世界似乎更加丰富饱满。

三　醉后囔出《将进酒》

既然《将进酒》是一首劝酒歌，我们就来看看李白是怎么劝酒的。

首先我们就会有疑问，李白是客人，元丹丘是主人，一般来讲是主人劝客人喝酒，而这首诗已经变成了客人劝主人饮酒，那说明，客人已经畅饮到最佳状态了——反客为主了。所以我们要把这首诗，放在这个背景下去读。

"君不见，黄河之水天上来，奔流到海不复回。"这里所写的不仅仅是自然的壮阔的美景，它还表达了对于时光如黄河流水一去不返的感叹，我们应该能够想起"子在川上曰：'逝者如斯夫，不舍昼夜'"吧！

"君不见，高堂明镜悲白发，朝如青丝暮成雪。"果然，接着就从自然说到了人生，此翁头白真可怜，伊昔红颜美少年啊，转眼之间人已苍老！时光流逝太快了，李白在这里感慨时光匆匆而自己却不能建功立业，自己宏伟远大的理想却没能实现。

还好，虽然李白在焦虑，在痛苦，但身边有元丹丘、岑勋这样的好朋友陪伴。大家聚到了一起，那就"人生得意须尽欢，莫使金樽空对月"。这里的"得意"，我不建议理解为春风得意、志得意满这样一个意思，而可以理解为彼此会意。

在中国古代哲学中，经常会有得意忘言、得意忘形、得意忘象的说法，这里的言、形、象，最终都是为了表达意，得到意是本，言、形、象是末，如果真的得意了，言、形、象是可以弃之不顾的。

就像我们在学校读书时，老师讲到某个问题，可能大多数同学还懵懵懂懂的，而有个别同学眼睛一亮，懂了，明白了，这个状态就是得意；我们活在世上，放眼望去，芸芸众生，只有某一个人懂你，那个人就是跟你之间彼此得意的人。

李白在此时此刻，与元丹丘、岑勋之间就实现了这种得意。李白说，我的痛苦、我的忧伤你们都最懂、最明白，碰到这样的得意之人，怎么能够不畅饮呢——"人生得意须尽欢"。

而"莫使金樽空对月"的"空"，恐怕也有两个意思。一是，酒杯已经斟满美酒，不要让这个金樽，白白地对着月亮，要把它喝了，这个白白地，就是空。二是，一饮而尽，酒杯空了，也不要让这个酒杯空着对明月。总之，李白的意思是，这个金樽有酒你要饮，金樽没有酒你倒满了还要饮。这是李白好像有点"耍无赖"般地继续劝酒。我们能够感受得到，此时此刻的李白，不再是"停杯投箸不能食"，而是对酒一往情深，欲罢不能。

李白一个劲儿劝酒,忽然冒出"天生我材必有用,千金散尽还复来",是怎么回事?我们猜想,大概是主人家元丹丘流露出一点要散场的意思了:李白已经醉意满满了,元丹丘可能心疼这个酒是"金樽清酒斗十千",太昂贵了,是不是咱们就此打住?所以李白回答:没关系,天生我材必有大用,天生我材必有用度,该饮的酒要饮,该花的钱要花,"千金散尽还复来"嘛!

所以这个酒还是要继续往下劝的。

今天主人家这么好客,"烹羊宰牛且为乐",我们来做客,不仅仅要饮酒,而且要畅饮,"会须一饮三百杯"。于是李白这就又举起杯来劝酒。

到这时,李白已经酩酊大醉了,所以他就不由自主地手之舞之,足之蹈之,神情飞扬地劝道:"岑夫子,丹丘生。将进酒,杯莫停"。而且,李白还表示,你们尽管畅饮,我要给你们助一助兴——"与君歌一曲,请君为我侧耳听"。

在这个载歌载舞、狂饮而醉的状态下,李白继续感慨:"钟鼓馔玉不足贵,但愿长醉不愿醒。"在李白看来,此时此刻,钟鼓馔玉这一切美好的物质享受,它都不是关键,它们都是陪衬,用来陪衬美酒,从而大醉一场,从而长醉不复醒、不愿醒。为什么?醒来就要面对现实生活中的种种无奈、痛苦,所以从这个意义上讲，这首诗是希望借美酒浇灭心头之苦，借美酒来稀释内心块垒。

李白劝酒劝到这里，恐怕是劝不动了。接着，他就又打开了思路，回顾历史，他继续道，你看一看，"古来圣贤皆寂寞，惟有饮者留其名。陈王昔时宴平乐，斗酒十千恣欢谑"。细数一下古往今来的圣贤，他们志存高远，他们才华横溢，但他们往往在自己的那个时代不能实现自己的理想，圣贤的人生是寂寞的，英雄的内心是落寞的；再细数这些圣贤，至今留下大名的，恐怕是其中那样一些饮者，比如陈思王曹植——"陈王昔时宴平乐"中所谓的陈王。曹植满身才华，但是在那样一个特殊的时代背景和家庭背景下，他无可奈何，郁郁后半生，只有通过"斗酒十千恣欢谑"来消磨自己，来浇灭内心的痛苦无奈。

这首诗一路写下来，几乎李白的每一次呐喊，每一句劝慰，都奔着一个主题——请喝酒，即"将进酒"。

李白真是饮酒过量了，主人家元丹丘就讲了：对不起，没有酒了。李白道：去买呀！

元丹丘讲：对不起，也没有钱了！

因此李白才会有接下来的诗句：

"主人何为言少钱"——你怎么讲没钱了呢？

"径须沽取对君酌"——继续去打酒，继续来饮酒。

如果没有真金白银的话，这里有五花马，有千金裘，把它全部拿出去换作美酒——"五花马，千金裘。呼儿将出换美酒"，目的是"与尔同销万古愁"。

这样一篇劝酒歌，我们读完之后，可以说是百感交集，表面上看，明明是一个酩酊大醉的酒徒在跟这个主人家"瞎胡闹"，但是它怎么就成了一首千古名篇！

我们来思考一下，看一看李白为什么要喝酒，为什么要喝醉。是因为久别故乡与亲人吗？是因为丢失了美玉宝剑吗？是因为失去了美人顾盼吗？好像不是这些原因，而是李白"已将书剑许明时"的志向不能实现的痛苦。李白的痛苦不是小小不言的人生的、个人的这种小纠结，而是一个古代读书人在他的人生道路上，内心渴望的奋其智能建功立业、"使寰区大定，海县清一"的远大理想不能实现的痛苦，是怀才不遇的痛苦，是壮志难酬的痛苦，是英雄无用武之地的痛苦，这是巨大的、强者的痛苦。这种万古愁是强者之愁。同时，这首诗能够让我们感受到非常亲，非常近，好像李白的每一句感慨，也是我们自己的感慨，比如说"天生我材必有用"，比如说"与尔同销万古愁"，李白这首诗非常巧妙地把自然、历史、人文、哲理、感情和普通人的生存状态糅合交织在一起，倾泻而出。

也许我们都是痛苦的人，我们的痛苦，有些时候，表达出来就是我好伤心啊，我好痛苦啊，我好难啊。而到了李白这里，他的痛苦，他的忧伤，就和作品中所展现开来的这样一种阔大的从自然到历史到人文的这种气象融合在一起，弥散在其中。就像我们看了一场感天动地的悲剧，我们看完悲剧之后，固然会有伤心落泪，但是往往落泪之后，我们内心受到震撼，涌起振作的力量。这也是这首诗虽然在劝酒，但并不颓废，反而给我们激励的非常重要的原因。

关于《将进酒》的理解，后人是说不尽，道不完，讲不透的。

关于《将进酒》这种呼天抢地的表达方式，用启功先生的一个说法来概括，倒是蛮准确的："唐以前的诗是长出来的；唐人诗是嚷出来的；宋人诗是想出来的；宋以后诗是仿出来的。"①

的确，《将进酒》是嚷出来的，李白的很多诗都是嚷出来的。

凡事两面看，通过这几章，我们了解到，李白一入长安一败涂地，四处干谒，十年蹉跎，固然令人扼腕叹息，但这段时间纵横长江、黄河两大流域的漫游，也让李白饱览了大唐

---

① 参见启功著，柴剑虹整理《启功说唐诗》（增补版），人民文学出版社2023年版，第3页。启功先生又曾作《论唐诗绝句八首》（综论）："唐以前诗次第长，三唐气壮脱口嚷。宋人句句出深思，元明以下全凭仿。"同上书，第80页。

王朝的名山大川、通都大邑，也让李白对现实生活有了更加深广的了解和体验。李白身上那样一种天真的、过于理想浪漫的气息，在这个过程中也淡去许多，李白对人生、对社会、对政治的理解程度也逐渐深厚。同时，这个过程也使得李白的创作，更加有人气，接地气，充满了人间烟火气。而这样的作品，恰恰也是大家喜欢的，欣赏的。塞翁失马，焉知非福。恰恰是这样一个李白痛苦漫游的行旅历程，成就了他自己诗歌创作的一个新的高峰，也促使他的诗歌得以广泛流传，以至于惊动了天子。

第六章
仰天大笑出门去

> 仰天大笑出门去，我辈岂是蓬蒿人。
>
> —— 李白《南陵别儿童入京》

大约在公元740年，四十岁的李白结束了十几年的为了寻求政治理想而四处漫游的生活，搬家到东鲁，大体在今天的山东兖州。李白带着女儿和儿子移居东鲁的原因，大概是因为许氏夫人已经去世，之前在安州的不顺使他无意再留在那里。此后，李白跟他的老朋友元丹丘再次见面。这次见面翻开了李白人生的新篇章。

元丹丘与李白的关系亲密到如同亲兄弟，当元丹丘得到玉真公主的信任并被委以重任时，他是如何帮助李白二入长安的？

政坛老臣、文坛名宿贺知章在长安见到李白，赞叹李白为"谪仙人"的同时，又是怎样"炒作"李白的？

李白终于二入长安，受到唐玄宗的礼遇，他乐观地认为自己的远大理想即将实现，但他为什么又仍然惦记着《代寿山答孟少府移文书》中的那一把"总钥匙"？

一　异姓天伦元丹丘

我们可能一直有一个疑问，元丹丘到底是一个什么样的人物？

元丹丘是李白这一生中至关重要的一个人物。我们不妨设想一下：假如没有丹丘生，李白会怎样！

假如没有丹丘生，李白还是李白，但杜甫从李白那儿收到的回复可能要多一些了。网络上都说，杜甫那么热爱这个男神哥哥李太白，写了一首又一首给李白的诗，共计有十五首之多；可是李白呢，要不然就不理杜甫，要不然就在诗歌中打趣杜甫，要不然就转头去表白孟浩然，说"吾爱孟夫子"。其实，没有比较就没有伤害。李白给元丹丘写过多少诗文？连专篇致元丹丘的和诗文中提及元丹丘的，不少于十五首。

李白在他的诗歌中，是这样写元丹丘的：

　　吾将元夫子，异姓为天伦。

他说，我和元丹丘，我们俩关系好到什么程度？我们虽然是异姓，但是我们的关系像天伦一般，好像是一家人有着血缘关系这么亲。

甚至，李白在另外一首诗中表达他对元丹丘的思念：

思君楚水南，望君淮山北。
梦魂虽飞来，会面不可得。

甚至，他还回忆曾经在嵩阳与元丹丘形影不离，同榻共衾，可见他们的私交是非常的亲密。

所以，如果没有元丹丘，李白可能对杜甫这个小迷弟会多一些关照。

假如没有元丹丘，李白可能还是李白，但可能他就不会在天宝元年秋天奉诏入京并且在长安城度过三个年头的待诏翰林生涯，甚至李白此生可能无缘见到唐玄宗。

为什么呢？

这一次，四十一岁的李白跟他的老朋友元丹丘再次见面，有一个不同寻常的举动，他用镊子，夹下了自己的白发给元丹丘，同时他还意味深长地写下一首诗，叫作《秋日炼药院镊白发赠元六兄林宗》。他说：

> 投分三十载，荣枯同所欢。

李白说，我们密切交往三十年了，同荣枯，共进退；

> 长吁望青云，镊白坐相看。

但是现在，抬头看见青云碧霄，而我却是华发早生；

> 秋颜入晓镜，壮发凋危冠。

他这"秋颜入晓镜，壮发凋危冠"，简直就是"君不见，高堂明镜悲白发，朝如青丝暮成雪"的翻版。李白镊白发赠元丹丘的行为，就是在明确地向元丹丘表示：元丹丘啊，我头发都白了，还不能有所作为，就请老兄多多关照啊！

那么，为什么李白会在这个时候，给元丹丘镊白发表达这个心意呢？这是因为此时的元丹丘已经成为继司马承祯之后在唐朝的皇宫、朝廷具有重要影响力的道教的一流人物。据说，玉真公主即将进行一系列的道教法事活动，她要去朝谒谯郡的真源宫，她要在王屋山的仙人台再次接受道箓，而元丹丘则被任命为西京大昭成观威仪，进行法事活动全程的统筹协调。很明显，李白此时此刻的意思，是希望元丹丘借机在玉真公主甚至在更多的皇室成员或者朝廷权贵面前继续来推荐自己。

梦想还是要有的，万一实现了呢！

二　谪仙不是蓬蒿人

果然就实现了。

天宝元年，李白四十二岁，春天他还在游览泰山，写下不少歌咏描绘泰山、飘飘欲仙的名篇，秋天他就接到了玄宗皇帝的征召，请他入京。

于是李白非常得意，他写下《南陵别儿童入京》：

> 白酒新熟山中归，黄鸡啄黍秋正肥。
> 呼童烹鸡酌白酒，儿女嬉笑牵人衣。
> 高歌取醉欲自慰，起舞落日争光辉。
> 游说万乘苦不早，着鞭跨马涉远道。
> 会稽愚妇轻买臣，余亦辞家西入秦。
> 仰天大笑出门去，我辈岂是蓬蒿人。

这是一首写在秋天的收获的诗歌。新酒已熟，黄鸡正肥，李白安排家童杀鸡酌酒，庆祝这来自京城的好消息，儿女们看到爸爸心情好，也拽着大人的衣襟嬉笑玩耍。李白在夕阳余晖中畅饮美酒，高歌起舞，想象着马上就要骑马扬鞭奔赴京城的场面。最终表达的是，我李白是大鹏鸟，不是蓬蒿间的凡俗之辈，因此我要仰天大笑出门去，长安道上走一遭，实现自己的人生理想。

　　在诗中，李白还用了汉代朱买臣的典故，顺便批评了一个女人。朱买臣是汉武帝时期会稽的穷书生，在没有发达时，酷爱读书，如痴如醉，即使砍柴卖柴也边走边背书，朱买臣的妻子受不了贫寒的生活，也受不了"窝囊废"朱买臣，就提出分手——让朱买臣写一封休书休了自己。朱买臣说："咱们不是算过命嘛，我五十岁就开始发达了，现在我已经四十多了；夫人您都陪我一路走过来了，再坚持一下嘛！到时候，我们共享荣华富贵。"夫人说："看你这个样子，哪里能指望富贵，您还是写休书给我自由吧。"无奈之下，朱买臣只好被迫休了这位目光短浅的妻子。后来，朱买臣得汉武帝任用，朝廷安排他担任会稽太守，会稽官民隆重迎接新任太守的队伍里，就有朱买臣的前妻和她后来嫁的丈夫，这场面该有多尴尬，朱买臣的前妻该有多羞愧，可想而知。

　　李白在迁居山东兖州后，身边也有一位共同生活的女性，大概也像朱买臣的妻子,整天喋喋不休地数落李白只知道喝酒不操心生活,甚至有些轻视李白。所以,在光明前途来临之际,李白写下"会稽愚妇轻买臣,余亦辞家西入秦",告诉她自己终于迎来了出头之日。

李白来到长安城后,觐见玄宗皇帝之前,先在紫极宫见到了当时的太子宾客、秘书监贺知章,贺知章此时已是年逾八十的政坛老臣、文坛名宿,他早年就和张若虚、张旭、包融因文章才华被誉为"吴中四士",也曾和我们在第二章讲过的司马承祯、陈子昂、卢藏用被称为"仙宗十友",目前正酝酿着告老还乡,回会稽山阴去当道士呢!

很明显,贺知章很欣赏眼前这位年纪小自己四十来岁,但和自己有缘的李白,当他浏览李白奉上的诗文,读到《蜀道难》时,拍案称奇,这个文字、这个构思真是了不起,这可以说是惊天地泣鬼神的诗篇啊!能写出这样的作品,这个作者该不是天上的神仙被贬谪到人间了吧!因此他称李白为"谪仙人"。

我们不妨回忆一下,这个情景是不是似曾相识啊!当年李白二十四五岁出峡来到江陵,邂逅年近八旬的道教大师司马承祯,司马承祯盛赞李白"有仙风道骨,可与神游八极之表"。这真正是同款的忘年之交、知遇之恩!

而且,好事还没完。

贺知章提议，今天既然这么开心，我们一起去喝酒。于是二人在长安市井的酒店推杯换盏，把酒言欢。酒罢，结账，贺知章摸摸衣袋，忘带银子了，这个账结不了了！于是贺知章就解下腰间的配饰——金龟子，押在酒店里，权做今日的酒饭之资。此举为众人所见，一时传为美谈。

对这个事，我有一点小想法，来分享一下。我们设想一下，此时此刻，贺知章忘记带银子，当然也没法刷卡刷微信、支付宝，但作为晚辈的李白，他不可以结账吗？我想李白是完全可以结账的。再设想一下，贺知章官声、文名，天下皆知，京城更是不敢小觑，他又被称为长安城里"饮中八仙"之一，在餐饮酒店业更是享有盛名，今天这个酒钱，挂个单，记个账，或者再通过其他什么方式都是可以结了的。但是，贺知章为什么要做这样一个金龟换酒的漂亮动作？

其实，这是古往今来文坛上、政坛上，厚道的长者擢拔、帮助年轻人最好的方式之一。您看，今天，我贺知章在这里请李白喝酒，很多人不知道，是吧。但是，喝完酒没钱结账，我把金龟子押在这里，这个事儿就变成一个新闻了，马上就传遍长安城了。贺知章为什么要做这个事，可能这是他对李白的一种善意"炒作"，他希望能够在眼前这个优秀的李白刚进长安的时候就给他助推一下。

果然，李白自己的过人才华、朝廷的频频征召，再加上贺知章这样的老臣从旁"炒作"，李白就要在金銮殿上"爆红"了。

三　一朝君王垂拂拭

玄宗皇帝在金銮殿召见李白，当时的情景是这样：

> （玄宗皇帝）降辇步迎，如见绮皓，以七宝床赐食，御手调羹以饭之，谓曰："卿是布衣，名为朕知，非素蓄道义何以及此。"

唐玄宗从龙辇上下来，特意向前走几步，隆重迎接李白，就像见到"绮皓"一般。"绮皓"我们等会儿再解释。唐玄宗赐坐，李白在七宝座榻上接受皇帝赐下精美的宫廷美食。为了表示对李白的特别重视，玄宗甚至亲手拿起羹勺调和调和美食，端给李白，感慨道：李白啊，你是一介布衣，没有功名，没有出身，但是你的大名能够为朕所知，一定是你自己一直非常努力，一直在笔耕不辍黾勉追求，一心要建功立业报效国家，影响力越来越大，才会有今天。

这段话里的"绮皓"，是什么人物？为什么要把玄宗见李白比作见绮皓？绮皓，是商山四皓的简称。商山四皓是秦朝末年四位信奉黄老之学的博士，据说是当时秦始皇所设博士官中的几位佼佼者，他们分别是东园公唐秉、夏黄公崔广、绮里季吴实、甪里先生周术，他们四位老先生在秦末时代动荡的乱世，隐居在商山，被称为商山四皓。

刘邦定鼎天下后，立吕后的儿子刘盈为太子，封戚夫人的儿子如意为赵王。后来，刘邦觉得刘盈天性有点柔弱，才华也不够突出，远远不如戚夫人所生的这个赵王如意那么聪慧灵巧，于是就想更易太子人选。刘邦的这个心思一表露出来，吕后就坐不住了。吕后跟太子刘盈合计，要保住太子之位，一定要找到一位有谋略的人来想办法。他们找到了张良。

张良虽然再三推辞，但也清楚国家刚刚安定下来就更易太子必然引起新的动荡，就给他们出了计策。张良告诉太子刘盈说，今上刘邦在统一天下的过程中，曾有意网罗各方面人才，就专门邀请过商山四皓，但这四位老先生表示婉言谢绝，所以，未能请到商山四皓加入自己的团队，是刘邦心中一个不大不小的遗憾；现在，如果太子去商山请四皓作为谋臣策士，出山辅佐，今上就不便再废你这个太子之位了。

果然，这个太子按照张良的锦囊妙计，甘言卑辞，厚币重金，去邀请四位先生出山，而且特别强调：请他们出山是为了天下社稷苍生的平安，否则一旦朝中发生易太子的事件，那必然会有斗争，必然会有变乱，必然会有生灵涂炭的事。张良此计巧妙，商山四皓果然答应了太子的请求，从此像影子一样跟随着太子。这样一来，刘邦发现他心目中的遗憾已经被太子弥补了，也就明白太子已经羽翼丰满，其地位难以撼动，因此放弃了更易太子的想法。

从这个历史典故可以看出，在一定意义上，商山四皓就成为一种象征，象征着为皇帝千方百计邀请来进行问政问策的高人。

李白一入长安，是带着"何王公大人之门，不可以弹长剑"的战国纵横家谋臣策士的心理；而这次二入长安，则是满怀强烈的商山四皓为帝王师的情结。他内心是满满的骄傲，他觉得玄宗身边就是缺像我李白这样的商山四皓。

李白是一个非常优秀的文人，是一个非常卓越的诗人，李白也有自己的政治理想。但是很明显，他在一入长安、二入长安的过程中，他始终将自己定位为一个优秀的政治家，他觉得自己能够成为皇帝离不开的重要的辅弼之臣。李白是想做一位宰相，他觉得这一次皇帝请他入京，就一定会给他商山四皓般的地位，然后自己可以"使寰区大定，海县清一"。

李白在他的作品中回忆当时的情景，无比兴奋。

他说：

李白的长安道

> 汉家天子驰驷马，赤车蜀道迎相如。
> 天门九重谒圣人，龙颜一解四海春。
> 彤庭左右呼万岁，拜贺明主收沉沦。

意思是说，我们大唐天子像当年汉家天子迎接司马相如一样，派人迎我李白到了长安城；在天门九重的金銮殿上，我拜见了皇帝陛下。皇帝陛下见到我李白，就像见到商山四皓一样，龙颜大悦，四海如春。这时，满朝文武朝廷上下齐呼万岁，拜贺当今的圣上明主，把一个沉沦在民间、隐藏在山林草泽之中的人才，给请到朝廷上来了。

李白心中非常得意，他炫耀道：你看我到了朝廷上，玄宗皇帝对我是多么的重视，既给我委以秉笔著书的重任——

> 承恩初入银台门，著书独在金銮殿。

又给我安排非常高的生活待遇——

> 龙驹雕镫白玉鞍，象床绮席黄金盘。

李白自诩得到了玄宗的高度重视,也成为群臣眼中的网红;所以——

　　当时笑我微贱者,却来请谒为交欢。

当年那些曾经打击我、笑话我李白出身寒微的人,现在都纷纷要跟我李白来做朋友。

在另一首诗中,李白继续表达着这种得意的情绪:

　　少年落魄楚汉间,风尘萧瑟多苦颜。
　　自言管葛竟谁许,长吁莫错还闭关。

他说,我曾经满怀壮志满腹才华,却流落在楚汉之间蹉跎岁月,一事无成,在风尘萧瑟中愁眉苦脸。尽管我觉得自己就是管仲、诸葛亮,但怀才不遇,无人搭理,只能长吁短叹,寂寞无奈,闭关闲居。

　　一朝君王垂拂拭,剖心输丹雪胸臆。

现在不一样了,一朝之间,玄宗皇帝垂顾我李白了,我可以剖心输丹雪胸臆效英才了。

> 忽蒙白日回景光,直上青云生羽翼。

在君王阳光的沐浴下,李白我直上青云,生出双翼,就像当年心中那个大鹏鸟一样了!

> 幸陪鸾辇出鸿都,身骑飞龙天马驹。
> 王公大人借颜色,金璋紫绶来相趋。

我李白有幸身骑飞龙天马驹,陪着皇帝游幸,而那些金璋紫绶的王公大人,纷纷来跟我结交。

我们读到这里,我们也可以感觉到,李白这种开心、幸福爆棚的感觉,甚至李白似乎也有些不能免俗的得意洋洋。

客观来看,这些描述都是在情理之中,我们不能苛求古人。只是,值得注意的是,就在这一首诗的结尾处,李白说:

> 待吾尽节报明主,然后相携卧白云。

那些达官贵人,也许看重的是我李白现在得到皇帝宠遇,荣华富贵已极，但是我李白才不在意这些。我李白来长安城啊，是要辅佐皇帝做一番大业的，等到功成名就了，我要像当年的范蠡、张良一样，功成，事遂，身退。

我们发现，那一把理解李白的"总钥匙"又出现了。

与此类似的表达，也流露在李白很多诗句中：

愿一佐明主，功成还旧林。
——《留别王司马嵩》

功成谢人间，从此一投钓。
——《翰林读书言怀，呈集贤诸学士》

功成拂衣去，归入武陵源。
——《登金陵冶城西北谢安墩》

终与安社稷，功成去五湖。
——《赠韦秘书子春》

功成身不居，舒卷在胸臆。
——《商山四皓》

> 范子何曾爱五湖，功成名遂身自退。
>
> ——《悲歌行》

这些创作于不同人生阶段的诗句在反复表达着一个主题——功成身退，这正是李白自身调和儒道思想的表现。追求自由隐逸固然是李白性情所在，但李白更注重功成志遂身退后的自由和隐逸；用世济时、建功立业固然为李白所看重，但这不是终极目标。从这个意义上去理解，当下的用世济时、建功立业，这是李白追求自由隐逸的一个前提和必经阶段。

既然李白渴望尽快建功立业以便功成身退，既然李白来到了长安城，见到了玄宗皇帝，也得到皇帝几乎如礼遇商山四皓般的高度重视，那么，李白在朝廷上，到底从事了哪些大臣应该有的活动？

这个问题是比较复杂。因为从李白的自我回忆，从李白同时代人的有关记载，从新、旧《唐书》等有关历史记载来看，并没有留下李白真正能够在朝廷上"奋其智能，愿为辅弼，使寰区大定，海县清一"的具体的政治作为的记录。那留下的是什么呢？

第七章

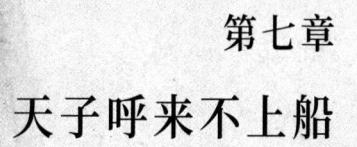

天子呼来不上船

> 天子呼来不上船，自称臣是酒中仙。
>
> —— 杜甫《饮中八仙歌》

当我们一篇一篇翻阅李白二入长安的诗歌时，并没有看到李白真正能够在朝廷上"奋其智能，愿为辅弼，使寰区大定，海县清一"的具体政治作为的记录。反而是，似乎皇帝召李白到长安城来，就是要他充当御用文人的角色。李白的长安时光，有过荣耀与光鲜，更多的则是痛苦与寂寞。

李白被称为翰林，白居易、元稹甚至宋代的苏东坡也都被称为翰林，他们的身份、职务、地位一样吗？

李白创作《清平调词》写下"云想衣裳花想容"，这是历史真实事件，那么，力士脱靴、贵妃研墨等情节，是怎么回事呢？

征召李白入京的是唐玄宗，赐金放还李白的也是唐玄宗，唐玄宗对李白的态度到底如何？李白与唐玄宗的关系到底如何？

一　云想衣裳花想容

可以肯定的是，李白的确在扮演文学侍从的角色，玄宗皇帝游幸温泉宫、宜春院、兴庆宫、白莲池，李白一路随驾，奉旨写诗，在这一时期写下了大量类似《宫中行乐词》的作品。在中国历史上，几乎历代最高统治者都会笼络一批御用帮闲文人，组织大型"夸夸"现场，让文人奉旨写作诗文，歌颂天子的圣明睿智，赞美国朝的丰功伟绩，其作品往往是满满的套路，是千篇一律的官样文章。但李白是何等的才华卓越，即使这样的文字，他也写到了前无古人后无来者的顶级水平。

《清平调词》三首就是这样的典型。

这是一个美好的春天，唐玄宗和他心爱的杨玉环来到兴庆宫。兴庆宫是李隆基做藩王时的旧邸，是所谓的龙气凝聚之地。他登基后将旧邸扩建，这里成为开元、天宝年间唐玄宗在长安宫城的政务和游赏中心，著名的勤政务本楼、花萼相辉楼都在兴庆宫范围内。此时此刻，兴庆宫内，沉香亭畔，牡丹花开得绚丽夺目，李隆基和杨玉环啜饮葡萄美酒，欣赏牡丹花开。如此美丽优雅的场面，感觉缺了点什么？

没有歌舞相伴！立刻召李龟年带着梨园弟子来助兴。但李隆基仍然表示不够尽兴，赏名花对妃子，怎么还在演奏旧的词曲歌调！

没有新词助兴！立即宣李白进宫，重新创作新词。李白倒是宣来了，但是他宿醉未醒。宫人以水激面，浇醒了李白。李白说，陛下与妃子赏花品酒，兴致正浓，宣微臣进宫略进诗歌薄技，微臣之幸也！愿陛下容微臣放肆，若能得力士脱靴，妃子研墨，微臣必可一展诗才，为陛下助兴！

现在，靴子脱了，墨研好了，花笺铺排好了，看看李白如何来运思，来呈现？

先看第一首：

> 云想衣裳花想容，
> 春风拂槛露华浓。
> 若非群玉山头见，
> 会向瑶台月下逢。

第一句就有个文字版本问题，是云想衣裳还是叶想衣裳，自古至今就有不同的说法和道理，但总体来看，似乎"云想衣裳花想容"这个版本更受读者欢迎。看到天边美丽的云霓，就联想到眼前妃子多彩多姿的迷人的衣裳；而古典文学根底比较深厚的读者，可能还会联想起相传是李隆基、杨玉环联袂而作的《霓裳羽衣曲》；看到眼前美丽惊艳的牡丹花，就联想到，或者说，替皇帝联想到妃子姣好的面容。

这样惊艳的名花妃子相辉映的美，它发生在什么样的背景中？是在"春风拂槛露华浓"的春天，是这样一个美好的季节，也是一个皇恩浩荡的时刻。眼前的牡丹花，开得是娇艳欲滴露华浓，就像妃子的娇羞美丽一般！妃子的美和这个眼前的牡丹花的美，岂是人间寻常可见！

所以，李白接着写，这种美景，这种惊艳，如果不是在群玉山头可以见到，那也一定是在瑶台月下才能邂逅。总之，凡世间是不可能见到的。如果人间要见到，那也得是在兴庆宫，那也得是在陛下面前。

瞧瞧！李白这首诗，描摹了牡丹，赞美了妃子，歌颂了皇帝，却丝毫没有简单直接的谄媚之词。简直是不着一字，尽得风流，写得非常巧妙！

还没完，我们往下看：

> 一枝红艳露凝香，
> 云雨巫山枉断肠。

> 借问汉宫谁得似,
>
> 可怜飞燕倚新妆。

李白开始从花写到人了。"一枝红艳露凝香",牡丹花是如此漂亮,又有颜色,又有芬芳,又有凝露欲滴的状态,让人掀起无限旖旎的遐想——巫山云雨,甚至比巫山云雨更加销魂!眼前的牡丹会让人怦然心动,妃子会让人怦然心动,这种怦然心动的感觉到哪去找?

李白继续写,思前想后,追根溯源,汉朝不是有个赵飞燕吗?那就把眼前的妃子杨玉环比作赵飞燕吧。但是,这样简单地比拟,是不是还有一点点不够高级呢?

来,您看我李白怎么写,"可怜飞燕倚新妆",就是那个可爱的赵飞燕她刚刚做完妆造时漂亮动人的样子,才能跟我们眼前的妃子马马虎虎地比拼一下!

真是太高级了啊!这样巧妙的比拟,这样一种对妃子的美丽的描绘,形象,具体,到位,打动人心,但我们同样看不到很明显的谄媚讨好的心理和辞藻。

再看第三首:

> 名花倾国两相欢,

长得君王带笑看。

解释春风无限恨,

沉香亭北倚阑干。

今日这件美事,是发生在兴庆宫的沉香亭。当朝的风流天子,倚靠着栏杆,欣赏着牡丹花,欣赏着妃子的惊艳,同时又有歌舞在助兴,在这个场景中,君王李隆基非常得意,非常开心,非常幸福。当下有一首网络歌曲名叫《你笑起来真好看》,您看"长得君王带笑看",是不是有点儿这个意思?

不是有点儿,是很明显啊!就是这个李隆基,他都无法掩饰自己欣赏名花、欣赏妃子的愉快的心情,为什么李隆基笑起来很好看?那当然是因为杨贵妃笑起来很好看!这就要归功于"名花倾国两相欢",名花——娇艳的牡丹花;妃子——惊艳的倾国倾城貌;名花妃子之间,花面交相映交相欢,她们是如此美丽,君王才欣赏得如此投入、如此开心!

但是,如果有人担心,春天不是很短暂吗?春花不是很快会凋谢吗?春归去,不是会有很多遗憾吗?不用担心的,有这多情君王在,"花会一直开!"更重要的是美丽的妃子,她像春花一样姣好的面容、旖旎的风情,是无穷无尽的。

诗歌最后落实到"沉香亭北倚阑干"的主语、主人公——

李隆基。告诉我们以上的故事，以上的美景，之所以能够发生，之所以能够实现，只有一个前提，那是因为有今上在、有李隆基在。

这三首诗写得是真厉害！文学侍从写这种诗文，难度非常大。要歌颂皇帝，赞美妃子，必须强调君王的存在，又不能那么低级谄媚。我们看，这三首，从第一首到第三首始终贯穿的关键词是君王、春风。

可以说，李白也是"心机满满"，他充分肯定和表达了：没有一个宏图大略的帝王，没有一个才华横溢的帝王，没有一个缔造了太平盛世的君王，也就没有眼前动人的美景。

作为应制诗，李白的这一组作品，他的站位够高，格局够大。而在具体表达过程中，又不是简单直白地来夸赞妃子的美，而是以花、以云、以古代的典故和当下的情境交融在一起，不动声色地给我们描绘了美丽的春天、美丽的春花、美丽的妃子，使得这组《清平调词》不仅仅成为应制诗的代表，也使得这组诗成为我们古往今来描绘春花之美、再现女性之美的一组佳作。

二 《清平调词》的六个一

那么，我们刚才提到的力士脱靴、贵妃研墨等细节，这些事是真的还是假的呢？

我们现在看来，这一组《清平调词》写得文采斐然，精彩绝伦，深得李隆基和杨玉环的好评。但事实上，围绕这组诗，古往今来还有很多争议，比如，有人认为，杨玉环被封为贵妃跟李白写这首诗的时间，是不能对卯的；也有人说道，这个李白怎么可能真的让力士脱靴、贵妃研墨；此外，还有各种各样的质疑。

我们解读这组作品，所使用的材料，有文学材料——比如说这一组诗本身；也有历史材料，比如关于兴庆宫、梨园弟子、葡萄美酒的记载；还有笔记小说，甚至还有民间传说，比如力士脱靴、贵妃研墨等情节。就是这些材料，共同给我们建构了一个《清平调词》的创作背景。这个创作背景我们应该怎么来看待、怎么认识？

当代学者杨义先生在《李杜诗学》这本书里认为，李白的诗歌是一种醉态思维，我们不可用常态的方式来理解；在谈到这个《清平调词》三首时，他提出了"六个一"的视角，我觉得很有道理。

是哪六个一？

第一个一，是指天下地位第一的君王李隆基，同时他也是一个满腹才华、能歌善舞的风流才子。

第二个一，那是三千佳丽中容貌惊艳、才华惊艳、性情惊艳的杨玉环，杨玉环的美不仅仅是楚楚动人的形貌之美和能歌善舞的才艺之美，还在于她性情与李隆基相通、彼此之间能够瞬间达到心意相通的难得的知音般的感觉；而最能够窥探到李、杨二人这种感觉的人是谁？是高力士。

这是第三个一，高力士无疑是那个时代内臣中地位最高、最得皇帝荣宠与信任的人。

第四个一，那就是天下第一的音乐人才，梨园班首李龟年，李龟年无疑是当时最著名的音乐家，也是最著名的皇家音乐团队的领头人。

第五个一，那无疑是这个此时此刻皇帝最欣赏的文人、天下第一号的诗人李白。

有了这五个一，它们经过一种巧妙的组合，为我们营造了这样一个情境：天下地位第一的皇帝李隆基和后宫佳丽第一的妃子杨玉环，要欣赏美丽的牡丹花，感觉到意兴不足；请天下第一的音乐家来奏乐，依然感觉到意犹未尽；请天下诗才第一的李白来填词，又延展出第一内臣高力士脱靴、第一佳丽杨玉环研墨的情节，于是李白写成了古往今来天下第一的《清平调词》三首，也就是第六个一。

以这六个一的组合来解读《清平调词》这段故事，不是纯粹历史的解读，而是一种文学的解读。诗歌所呈现的这样一个美丽故事，是在流传过程中被作者和读者共同建构出来的，千百年来，史官、文人参与建构了这个故事，广大读者参与建构了这个故事。这样一种文学的解读，就是我们这个民族的古典文学中叙事传统和抒情传统相结合的一个高度凝练。

三　此翰林非彼翰林

按照我们此前的分析，李白到长安，进入朝廷，在天子身边，是来追求和实现他的政治梦想的，可不是仅仅为了写《清平调词》这样点缀升平的文词的。有不少读者可能会说李白是一个翰林学士，也有一些学者把唐代的李白、白居易和宋朝的欧阳修、苏轼并列在一起称为翰林学士，认为他们都是为皇帝提供顾问、咨询以至于起草诏诰的重要的帮手。

那么，唐玄宗给李白安排的是什么样的职位，是不是这样的翰林学士？

严格地讲，随着唐代行政体制的逐渐完善，翰林学士与翰林供奉或待诏有着明确的职能划分。一般，翰林学士在学士院，直接服务于皇帝，是皇帝的内廷顾问和侍从，负责草拟诏令，影响力大到被称为"内相"，这在中晚唐时期表现得尤为明显，唐代的元稹、白居易、令狐楚、李德裕都曾担任这样的翰林学士；翰林供奉（待诏）则在翰林院，是包括文学、经术、僧道、书画、琴棋、阴阳等各个领域的各色人士，以各自专长，随时听候君主召见，称"翰林待诏"或者"翰林供奉"，道士吴筠、画家韩幹、棋手王叔文等人就曾担任过这样的翰林供奉（待诏）。

李白就是文词领域的翰林供奉，他的职责就是听候皇帝召见，侍奉皇帝宴游，或作些点缀太平的诗文，就是个帮闲的御用文人；当然，有时也可能帮助起草些文书，或回答皇帝的咨询，这在当时一般人心目中，还是相当荣耀的，李白本人自我感觉更为良好。

所以说，白居易、欧阳修、苏轼，那是真正的翰林学士、参与国政的官员；而李白，是翰林供奉（待诏），一个文学侍弄之臣，只是可能偶尔有机会染指翰林学士的工作。仅翰林供奉与翰林学士这种微妙的、微弱的相关性，已经使得李白充满了期待，那也许皇帝会给我李白更多的机会，让我施展才华实现理想。

然而，事实上，我们看到，玄宗皇帝请李白入京，安排李白做翰林待诏、翰林供奉，主要看中的、倚重的恰恰是李白的文学才华，尤其是诗歌才能，让他成为一个润色鸿业的文学侍从。

相形之下，李白的自我期待，和玄宗为李白的角色设计，就不对称了。不对称就会紧张，就会矛盾，就会出现新的失衡；出现了失衡，那李白的内心可谓是波涛汹涌，千滋百味。我们会发现，表面上，李白在别人看来受到了皇帝的宠誉，是当时长安城里的"网红"人物，一片喧嚣，一片热闹，一片煊赫，人人都很羡慕；但是李白却从热闹中逐渐感受到一点孤寂，一丝落寞，一种冷遇，并在逐渐扩大。所以，我们发现李白在热闹的长安城里，居然会有一系列孤独的心声的表达。

表达这种心情的作品，最具代表性的就是《月下独酌》四首。

我们比较熟悉的是其一：

> 花间一壶酒，独酌无相亲。
> 举杯邀明月，对影成三人。
> 月既不解饮，影徒随我身。
> 暂伴月将影，行乐须及春。
> 我歌月徘徊，我舞影零乱。
> 醒时同交欢，醉后各分散。
> 永结无情游，相期邈云汉。

第七章 天子呼来不上船

"花间一壶酒，独酌无相亲。举杯邀明月，对影成三人。"李白当年在相对边缘化的安陆写过"两人对酌山花开，一杯一杯复一杯"，那时尚且有友人可以一起来饮酒；可是，此时此刻，他在热闹喧嚣的长安城，居然是独酌，周围没有人能够理解他，没有人能够听他倾诉，更没有人听他"与君歌一曲"。李白不愿意独酌，那就举杯邀请天上的明月和地上的影子，三个在一起喝酒。

诗人李白的才华又来了。如果写孤独，李白就一定不会只写孤独，他会变着法儿地表达孤独。如果说李白我只是孤独地喝酒，说我好孤独，那倒也罢了；可李白现在说我们仨在一起喝多开心啊，看上去文字上表达的是三人，而实际上只是李白自己在跟自己对话！这内心该是多么的孤独寂寥。

那么，假如说有月亮和影子相伴，这个饮酒也该比较快乐吧！可是，"月既不解饮"，月亮它是不懂得喝酒的；"影徒随我身"，这个影子也像傻瓜一样，我李白走哪跟哪，它也不会跟我交流，所以我邀请了半天，一切的努力都付诸东流，都是白费，最终还是我一个人在喝酒。

我们可以在这里中断阅读，来思考一下，曾经有一首歌叫作《一人我饮酒醉》，刚刚我们描述的就是李白版的《一人我饮酒醉》。李白把一件极度无聊的事情，极度痛苦寂寞的事情，描述得有模有样有起有伏；然后，让所有描述的这些美好，瞬间又变得毫无意义，这是李白的诗笔，这是李白诗歌表达的一种特殊的效应！

这个月亮虽然不懂喝酒，影子虽然有点傻，总胜过没有吧！"暂伴月将影，行乐须及春"，于是，李白就以月亮和影子为伴，在这美好的春天及时行乐。接着，在李白的醉眼蒙眬中，似乎这个月和影，开始有点感觉了，"我歌月徘徊，我舞影零乱"，好像它们开始配合李白徘徊舞动了。

"醒时同交欢，醉后各分散"，当我李白一梦醒来，月没有了，影也没有了，大家各自都消失了，还是我李白孤独地在这里。

于是，李白在压抑与失望中继续邀约，明月也好，影子也好，或者李白心目中所期待的某个友人也好，咱们能不能抛却人间的一切喜怒哀乐，做到一个无情之游，飞升到云汉之外，达到神游八极之表的境界，也就是所谓的"永结无情游，相期邈云汉"。

热闹的长安城里的李白，在这样一种极度的孤独中，渐渐地在内心期待离开远离这个现实，追求另外一种目标，另外一种境界。

在《月下独酌》其二里，李白发表他的饮酒宣言：

> 天若不爱酒，酒星不在天。
> 地若不爱酒，地应无酒泉。
> 天地既爱酒，爱酒不愧天。

在其三中，李白又写道：

> 穷通与修短，造化夙所禀。

人生道路的穷与通，生命长度的长与短，都是造化所赐，命中注定。

> 一樽齐死生，万事固难审。

既然世间万事难料，不如在陶醉中将生死得失祸福等量齐观，内心也就没有波澜了。

到了其四，李白再次感慨：

> 穷愁千万端，美酒三百杯。

愁多酒虽少，酒倾愁不来。

那么这种千万端的穷愁靠什么来浇灭，只有美酒三百杯。

关于李白在长安的饮酒，杜甫的《饮中八仙歌》是这样描绘的：

李白一斗诗百篇，长安市上酒家眠。
天子呼来不上船，自称臣是酒中仙。

杜甫笔下的李白形象既是外在的，又是内在的。所谓外在的，是我们能够看得到的李白的傲岸、洒脱、落拓不羁；所谓内在的是什么？天子呼来不上船，皇帝请你了，你怎么会不上船？那是因为皇帝陛下，您对李白的角色设计，和我李白自己的期许，它是不对称的，为什么会不对称，我们接着给大家分析。

我们用了两章的篇幅，为大家展现了李白二入长安所达到的众目所仰的人生顶峰，以及他所经历的万般情绪交织的、内心极其复杂的心路历程。这时，我们追问一下，李白这二入长安是不是真的很苦很委屈？这个唐玄宗是不是真的不识才不重才？

相对来说，开元和天宝初年的唐玄宗是一位雄才大略的好皇帝，自即位以来，励精图治，深谋远虑，他辨人识才的水平也非常高。从这个意义上讲，玄宗可能比李白更了解李白，玄宗是李白深层次上的知音。

李白抱有非常美好的"已将书剑许明时"的理想，抱有"使寰区大定，海县清一"的远大的政治梦想，这都没错；但，李白是不是真的具备这样一系列的能力，很难说；可是，李白诗写得是真好，在那个时代，不论是比李白年长的、卓越的有成就的诗人，还是跟李白同一个层次的诗人，甚至其后，除了杜甫之外，没有第二个诗人可以与李白相比肩——这是我们今天看的结果，但是在那样一个时代，玄宗能够充分地欣赏到李白的文学才华，玄宗或许堪称李白最好的知音。

李白其实有太多的人生梦想，每一个梦想都很完美，但是不是每个梦想都能实现，我们还是要打问号的。而政治理想和政治作为之间的这个差距，李白自己是不是意识到了呢？恐怕也很难说。因此，从这个意义上讲，唐玄宗比李白更了解李白，更理解李白。这么好的一个诗人，我李隆基请他来就让他好好地写诗，发挥他的文学才华，这就是我大唐天子应该做的事，也是我大唐王朝应该给我的桂冠诗人最高的荣光！

李白在跨越三个年头的短暂长安生活中，内心已经对政治前途失去了信心，他逐渐也明白了玄宗皇帝是让他来干啥的。而且，在当时，李白瞬间被皇帝宠遇、厚爱，也引起了太多太多朝中同列的各种猜忌嫉妒，以至于谗言四起；李白，被现实政治宦海斗争的复杂凶险所逼迫，他发现长安城不便再待下去了，皇帝身边也不能再待下去了，于是李白上书请还。

李白真诚地向皇帝表示，您欣赏我，给我如此锦绣灿烂的现实，但我李白是一个闲云野鹤，更适合自由行走，漫游名山大川、通都大邑，是不是？您就让我离开朝廷吧，这样对我们大唐王朝好，对我李白也好！

最可贵的是，玄宗皇帝赐金放还。有关记载说：玄宗皇帝他也考虑到李白是一个诗人，是一个文学侍从，随性放浪惯了，在朝日久，言语之间也难免会泄露朝廷机密；这样的诗人让他生活在民间，让他生活在我们大唐王朝广阔天地，不是更好吗！所以玄宗皇帝非常痛快地答应了李白的要求。

玄宗皇帝也是一个有情怀的好皇帝，李白这样的诗人，他要"五岳寻仙不辞远"，走遍天下，最需要的是什么？当然是经费了。因此，赐金放还，咱们用今天的话来讲，皇帝给李白一张无限透支的"龙卡"，李白你就尽管去刷吧！就是给李白相当的经济自由、经费自由,让他自由自在地在大唐的国土上纵横驰骋,然后在纵横驰骋的过程中,留下更多更美丽、更壮丽的美好诗篇。

第八章
一去金马成飞蓬

> 一朝去金马，飘落成飞蓬。
>
> —— 李白《东武吟》

如果说，一入长安的受挫，是因为李白无缘见到皇帝展示自己的才华；那么，二入长安，李白自己就在皇帝身边，随驾侍奉，也没有机会去治国理政。可以说，这次，李白是真正被重创了，李白也开始更加深刻地认识社会现实了；这次，李白的心灵伤口要康复，那得需要漫长的过程。他沿着黄河一路而下，拜谒商山四皓墓，与杜甫相逢共游，接受道箓，写下《梦游天姥吟》，准备漫游吴越。

一入长安的前前后后，李白三次书写冯谖弹长剑的典故；二入长安，李白念念不忘的，为什么是商山四皓？

李、杜相逢，小迷弟杜甫拉着男神李白哥哥的手，有说不完的话，那么，他都说了些啥？

李白在齐州紫极宫受道箓，成为在籍的道士，道家思想、道教文化、道士身份对李白都有哪些影响？

做道士时间不长，李白就打算去攀登天姥山，还写下《梦游天姥吟》，这是为了游仙求道，还是另有其他诉求？

一　四皓墓前欲断魂

李白离开长安后东行，首先去拜谒商山四皓墓，表达自己内心复杂的情绪。我们还记得，李白一入长安，念念不忘的是《战国策》里那个孟尝君门下弹剑的冯谖，那时候，李白赴京的自我目标定位是王公大人之门可以弹长剑的门客，前后三首诗都表达了弹剑冯谖的门客情结。而这一次，朝廷征召，李白二入长安和二出长安的自我定位都是商山四皓。

我们在上一章里提及，唐玄宗接见李白，如见绮皓，李白也正是以商山四皓自命，期待在朝中建立不朽奇功。当李白告别翰林院的诸位同事时，写下《东武吟》，他回忆入京的盛况：

白日在高天，回光烛微躬。
恭承凤凰诏，欻起云萝中。
清切紫霄迥，优游丹禁通。

第八章 一去金马成飞蓬

> 君王赐颜色,声价凌烟虹。

当年那个卑微的自己,得到高天白日的皇帝的光芒垂顾,有幸忽然从草野间承诏入京;而那曾经遥不可及的皇宫紫禁,自己也可以优哉游哉地自由出入了;天子对自己恩宠有加,我李白的声价高不可攀。这是过往。

如今要走出金马门离开朝廷了,情形顿时翻转:

> 一朝去金马,飘落成飞蓬。
> 宾客日疏散,玉樽亦已空。
> 才力犹可倚,不惭世上雄。
> 闲作东武吟,曲尽情未终。
> 书此谢知己,吾寻黄绮翁。

自己一朝离京,飘落如无根的飞蓬,宾客远去,杯中无酒。还好自己依然才力雄健,无愧于当世之雄;所以在临别之际,写下这首诗,与翰林院的各位知己告别;然后,自己就要去寻找黄绮翁了。

黄绮翁,还是在指代商山四皓。此番入京前后,李白心心念念的就是商山四皓。当李白离开,途经商山,他拜谒商山四皓，写下《过四皓墓》《山人劝酒》《商山四皓》等作品。

他或者记述自己的行程：

> 我行至商洛，幽独访神仙。

我李白离开长安，行至商洛，孤独寂寞地寻访四皓遗踪！

> 园绮复安在？云萝尚宛然。

园绮——还是指四皓，他们如今在哪里啊，李白我只看到漫野的云萝。

他或者回忆四皓的功业：

> 各守麋鹿志，耻随龙虎争。
> 欻起佐太子，汉王乃复惊。

在秦汉之交的乱世，像四皓这样有才之士各守其志，不愿卷入龙虎争斗；天下大定后，四皓忽然而出，辅佐太子，稳定汉世，令刘邦也大为惊叹。

他或者赞美四皓功成身退的美德：

第八章 一去金马成飞蓬

一行佐明圣,倏起生羽翼。

功成身不居,舒卷在胸臆。

四皓辅佐圣明,大济苍生,能够功成身退,归隐山林,舒卷自如,进退裕如,令人钦佩。

李白如此反复地歌咏商山四皓,至少在三个方面自比于商山四皓。一是自己和四皓一样才华横溢;二是忽然受邀来到京城辅佐明君;三是功成事遂,及时隐退。然而,事实上,李白是否真的具备治国安邦的才华是要打问号的;李白虽然是忽然受邀进京,但玄宗并不需要他来辅政;李白功业未成,何谈身退!可以想见,李白在离开长安城拜谒四皓墓的时候,内心的挫败感是多么强烈而深重!

就这样,李白痛苦地、一步步地继续向东漫游。

二 李杜双曜一相逢

当李白来到洛阳,与杜甫相逢,不久二人又与高适结伴同游,还去山东拜访"大名鼎鼎"的李邕。我们细细道来。

大唐王朝、中国古代诗坛上最闪耀的两颗星 —— 李白与杜甫，他们终于登场、相遇、结伴而游了，闻一多先生曾经说：在我们数千年的历史中，除了孔子见老子，没有比杜甫见李白这两人的会面更重大、更神圣、更可纪念的了！郭沫若把李白、杜甫称为中国盛唐诗坛的双子星座；安旗先生将李白、杜甫的相见称为双曜会面。有一首流行歌曲叫《夜空中最亮的星》，夜空中有一颗最闪亮的星就了不得了，可是我们即将看到的是夜空中最闪亮的两颗星，而且，这两颗星之间互相欣赏、互相生发，那是怎样的盛况！

杜甫比李白小十一岁。四十多岁的李白，经历两次长安之行的人生磨折，内心压抑，沮丧，想要呐喊，挣扎，希望对友朋倾诉。三十多岁的杜甫，一会儿漫游吴越，一会儿漫游齐赵，漫游历程中还在洛阳参加科举考试，虽未中第也不以为意，在继续漫游中探索未来的人生道路；杜甫最重视的是好诗与好诗人，他虽然与李白未曾谋面，但早已听闻李白大名，从各个渠道了解李白及其诗歌成就。

杜甫后来回忆这次初相逢，写下《寄李十二白二十韵》，诗中道：

昔年有狂客，号尔谪仙人。
笔落惊风雨，诗成泣鬼神。

第八章　一去金马成飞蓬

　　声名从此大,汩没一朝伸。
　　文采承殊渥,流传必绝伦。

　　曾经有位号为四明狂客的文坛巨擘贺知章,把你李白称为谪仙人,那是太准确了!谪仙人李白运思挥毫,笔落惊风雨,诗成泣鬼神!经过贺知章先生的褒扬,沉沦在民间的大诗人终于名声大振!李白的诗笔文采,似乎别有特殊而丰厚的渊源所自,必将流传后世,无与伦比。

　　从这里,我们可以看出,杜甫不仅对李白二入长安见到贺知章的佳话了如指掌,对李白作为翰林供奉得到玄宗宠遇的经历有所耳闻,更对李白卓越的诗才由衷敬佩。

　　关键是,杜甫接着写道:

　　乞归优诏许,遇我夙心亲。
　　未负幽栖志,兼全宠辱身。

　　意思是说,李白向皇帝上书请还,玄宗以厚礼优遇准许李白离京;而李白离京后,我杜甫与他有缘相遇,也了却了夙愿。李白呀李白,你全身而退,又能归隐草泽,幽栖山林,这是多么完美的选择啊。我们同样看得出来,杜甫对于李白被赐金放还的来龙去脉也是一清二楚，而且在这里小心翼翼地安慰李白。

杜甫的诗，最后落笔到二人见面的情景：

剧谈怜野逸，嗜酒见天真。
醉舞梁园夜，行歌泗水春。

李杜见面把酒言欢，一杯一杯复一杯的过程中，各自流露着坦诚与天真，彼此欣赏着逸兴与野趣，以至于他们的醉舞行歌从洛阳延续到梁园，又从河南延续到山东。

这段程途中，杜甫有首诗赠给李白，可以说是写到李白心里去了：

秋来相顾尚飘蓬，
未就丹砂愧葛洪。

杜甫说，亲爱的李白老兄啊！秋天到了，本是收获的季节，结果，您和我互相看一看，大家都是飞蓬一枚，没有着落。论建功立业，咱们一筹莫展；论炼丹修道，咱们愧对道家大师葛洪先生！

第八章 一去金马成飞蓬

> 痛饮狂歌空度日,
> 飞扬跋扈为谁雄。

李白老兄,您满腹经纶无法施展,拔剑四顾心茫然,只能以痛饮狂歌掩饰内心的悲哀,打发无聊的时光,如鲲鹏一样的飞扬如龙虎一样的跋扈,又有什么地方可以一决雌雄、一展风采!

杜甫见李白,了却人生夙愿;李白遇杜甫,一见如故;二人一路漫游到山东,途中又与高适相逢,还一起拜访了北海太守李邕!李邕,就是李白当年拜访的那位渝州刺史李邕,李白还曾因李邕的慢待写下了那首著名的《上李邕》:

> 大鹏一日同风起,抟摇直上九万里。
> 假令风歇时下来,犹能簸却沧溟水。
> 世人见我恒殊调,闻余大言皆冷笑。
> 宣父犹能畏后生,丈夫未可轻年少。

二十多年过去,李白已经经历了这么多的人生起伏和变化,再见到这位老前辈李邕,内心的感触一定是相当复杂。大

李白的长安道

家相逢一笑，忘却了往年的这些小小不言的恩怨。

一位在唐朝的政坛上、文坛上有影响力的前辈李邕，和三位后来在大唐王朝的诗坛上闻名的高适、杜甫、李白聚会在一起，把酒，作诗，谈古论今，快意当前，留下一段最美的文坛佳话！

结束了这场漫游之后，李白跟杜甫，又回到鲁郡去探亲，访友，他们形影不离，甚至达到了"醉眠秋共被，携手日同行"的程度。

当然，杜甫还是要去长安追求自己的未来前程的，李白写下了《鲁郡东石门送杜二甫》，过了一年李白又怀念这个杜甫弟弟，还专门写了首诗《沙丘城下寄杜甫》。

李白给杜甫有如此深情的关心与怀念，杜甫对李白更是一往情深，欲罢不能，杜甫后来写下了太多的诗篇来记述、来回忆、来牵挂李白。在二人离别后，杜甫写的这首《春日忆李白》，不仅高度评价了李白的诗歌，更暗示了二人接下来的人生道路。

　　白也诗无敌，飘然思不群。
　　清新庾开府，俊逸鲍参军。

我们看到，杜甫对这个李白哥哥评价非常高，高到了李白的诗天下无敌，尤其是李白的诗思飘然不群，无人可及。他认为李白诗风中清新的感觉来自于庾信，俊逸的感觉来自于鲍照。这四句放在今天来评价李白的诗歌，依然是精准不过时的。

杜甫接下来写道，他们各自都在做什么去了？杜甫到了长安——

渭北春天树，

而且一待就是十年，仿佛在重复当年李白一入长安的故事；

而李白则要做东南之游——

江东日暮云。

李白的江东之游，咱们在下一章来解读。

杜甫期待二人在一番新的游历之后，再聚首，把酒论诗——

何时一尊酒，重与细论文。

与杜甫等友朋的交往抚慰了李白的心，但遭受重创的李白，还得寻找新的解脱途径。

他要去做道士了。

三　天姥连天向天横

李白来到了山东齐州，拜道家大师高如贵为师，在紫极宫完成了接受道箓的仪式。接受道箓的过程很复杂，是对人身心全方位的考验与折磨。经过了这一关，李白就获得了正式的道士身份，开启了又一种新的人生状态。李白有诗《奉饯高尊师如贵道士传道箓毕归北海》就回忆了他奉高如贵为师、高如贵给他完成了这一套传道箓的程序：

道隐不可见，灵书藏洞天。
吾师四万劫，历世递相传。
别杖留青竹，行歌蹑紫烟。
离心无远近，长在玉京悬。

李白说，道家思想最深刻的这个"道"，大概是很难寻求到的，所以留下了经书给世人阅读思考，作为入道的门径。但阅读经书是需要经师来点拨的，而我李白就非常有幸地遇到了高如贵道士点化。高如贵大师历经了四万劫活到今天，为我李白传授道箓，开启灵光。临别时，高尊师赠我道家神物青竹杖（可以骑上它自由驰骋），然后踩着紫烟行歌而去。经过高尊师的提点，我李白从此以后的人生态度、人生行踪都将不一样了。虽然我与导师高如贵就此拜别，但是我的心永远跟着老师去了玉京仙都。

道家、道教、道人，在李白的一生中，具有非常重要的意义。从道教大师司马承祯到元丹丘，他们对李白的人生进退发挥着极其重要的作用，从道教高人胡紫阳到高如贵，他们为李白的从道实践产生了极其重要的影响。李白入长安追求政治理想，与道人有关；李白出长安后安顿心灵归宿，更离不开道人。

李白他自己跟道教、跟道家有着千丝万缕的联系。李白总是从儒家出发，最终回归道家。就儒家处世态度而言，如果说达能够兼济天下，我就去做一番事业；如果说穷不能兼济天下，我也要保有自己的做人底线；如果说穷达都没有路途可以实现，那我只好退缩到或者寻求到另外一条道路，在另外一个空间寻找自己的心灵栖息、安放的诗意之地，那就是得依靠道家思想了。

李白受道家思想影响，或可用三个词概括：自然、自由、自我。

第一，自然。李白的诗，清水出芙蓉，天然去雕饰，这是自然；李白的人生，如果有可能，就去努力争取，如果没有可能，那就顺其自然，自然而然。

第二，自由。李白一生追求的就是"大鹏一日同风起，抟摇直上九万里"的自由，庄子《逍遥游》所描述的自由，仙风道骨，飘然入仙，不受常人那般拘束，可以与天地精神独往来。

第三，自我。在追求自然、实现自由的过程中，李白一定要坚持一个自我，这个自我不是自私，而是说其中一定有我的形象，是胸怀天下的同时坚持自己的理想高标、践行自己的高远追求、发挥自己的个性能力，是这样一个大写的我；它和中国古代以儒家思想为主要体系的社会规范所要求的循规蹈矩地做人、做事的状况是有异的。

所以，在李白的思想中，以先师孔子为典则，以古往今来的贤相名臣为楷模，做一番事业，是李白的理想；同时，舒展自我，回归自然，寻求自由，也是李白的理想。

李白修道，既迷恋炼丹服食的一套功夫，更沉醉"五岳寻仙不辞远"的游仙活动。我们看到，李白在这次接受道箓之后，也并没有在道观里滞留很久，不久就选择了东南游仙，他要去吴越之地，那里有道教胜地天姥山、天台山，那里有谢安、谢灵运、谢朓的足迹。

为了告别东鲁的朋友，更为了总结自己以长安为目标的人生奋斗历程，他写下了《梦游天姥吟留别东鲁诸公》，简称《梦游天姥吟》。

在解读《梦游天姥吟留别东鲁诸公》之前，我们先来了解唐诗之路话题。唐诗之路，是由浙江新昌的学者竺岳兵先生经过长期考察、酝酿后提出的，得到了唐诗研究界普遍的认可。他认为，唐诗之路是一条由钱塘江经绍兴，再经上虞、曹娥江到剡溪、新昌，一直到台州的天台山以及温州等地的一条诗意之路。在这条路上最典型的文化地标是天姥山。我们在今天能够看到的清编《全唐诗》所收的两千多位作者的近五万首作品中，有四百多位诗人写下了一千五百多首跟天姥山有关的传世佳作，数量颇丰，质量更是不能小觑。

天姥山，是一座具有厚重的文化意蕴和令人仰视的文化高度的仙山。天姥山的这种文化高度，跟谢灵运有着密切的关系。谢灵运有首诗写道："暝投剡中宿，明登天姥岑。高高入云霓，还期那可寻。"谢灵运说，黄昏时分投宿剡中，打算明天去攀登高高入云霓的天姥山，他为什么会问"还期那可寻"——什么时候归来呀？是因为谢灵运心中满怀郁愁。当时的谢灵运，他的心情是被政治的失意所左右的。

谢灵运是既有政治才华又有政治抱负的。但是他在南朝刘宋这个时代，政治命运几起几落，每一次起落，他都会有进退选择，进——建功立业，退——纵游山水，当他第三次起落的时候，纵游山水的重点就放在了天姥山。

对于中国古代诗人来讲，谢灵运他本身是一个诗歌创作的高峰，谢灵运的这样一种满腹才华、怀才不遇、几起几落的人生经历，又成为太多诗人、太多文人所感慨的对象，于是大家都纷纷步谢灵运之后尘，登天姥山，写与天姥山有关的作品，在这样一条漫漫长路上，李白和他的《梦游天姥吟》，就成了最典型的代表作，这篇代表作也增加了天姥山的文化高度。

我们现在来解读一下李白的《梦游天姥吟留别东鲁诸公》。

海客谈瀛洲，烟涛微茫信难求。

出海远行之客、海上归来之客，他们往往谈说那些传说中东海之中蓬莱、瀛洲的仙山楼阁，在烟涛微茫之间，据说人们每要接近它们时就会被海涛冲走，其实是很难求的，不如暂放一边。

第八章 一去金马成飞蓬

> 越人语天姥,云霞明灭或可睹。

吴越之地的人们常说天姥山有仙人天姥,在云霞明灭之间,兴许可以遇到,倒是可以去瞧一瞧去看一看。那就是说,人生也许会有两种选择的可能性,有一种太飘渺,太虚无,我们先放一放;有一种在眼前,可实现,我们可以试一试。

我们就来谈一谈现在可以试一试的这座天姥山,你看天姥山:

> 天姥连天向天横,势拔五岳掩赤城。
> 天台四万八千丈,对此欲倒东南倾。

在李白的笔下,天姥山实在是太高了,高到超过了他曾经写过的"西当太白有鸟道,可以横绝峨眉巅"的秦岭太白山,甚至大家所熟悉的也包括李白所熟悉的五岳,都要跪倒在天姥山脚下,更不用说赤城山了;四万八千丈的天台山,跟天姥山一比,它好像往东南方倾倒了似的,矮了一大截。天姥山实际的海拔并不高,李白为什么要把它夸张到如此程度呢?一是为了增加天姥山的神秘感,二是天姥山确实拥有绝高的文化高度。很明显,李白此时此刻虽然人在齐鲁,但是心在天姥,天姥是他内心中的一种理想的高标。既然他心心念念、念念不忘的是天姥山，那就在梦中去游天姥吧。于是就有了这一首《梦游天姥吟》。

他接下来这么写：

我欲因之梦吴越，一夜飞度镜湖月。
湖月照我影，送我至剡溪。

我们经常都在说穿越，李白的诗是最具有穿越感的。不论是时间、空间，他都特别善于穿越。

果然，我们跟着李白穿越到了山脚下的剡溪，就准备登这个天姥山了，怎么登天姥山呢？

谢公宿处今尚在，渌水荡漾清猿啼。
脚著谢公屐，身登青云梯，
半壁见海日，空中闻天鸡。

首先，李白他充分地表现出一个诗人在梦境中登天姥山的快意感觉，以及想象中的这种美景；其次，我们要特别小心谨慎地再琢磨一下"谢公屐"，谢公屐，当然是指谢灵运发明的一种特别巧妙的登山鞋，这个鞋子它是有活动的前跟和后跟的，上山的时候去掉前跟便于给力登山，下山的时候去掉后跟安上了前跟，便于稳当下山，"脚着谢公屐"本身就告诉我们，李白是打算穿着当年谢灵运的鞋子，循着当年谢灵运的脚步，来重新登一次天姥山的，因此，这登山就不是一次纯粹的游历，而是有着文化心理的寄托的。

接下来我们再关注三个重要的语汇，青云梯、海日、天鸡。在中国古典文学中，青云之梯有很多个指向，人们通过努力，能够一帆风顺，能够不断地攀升，可以称为青云之梯，在指仕途通达方面尤其如此；海日，太阳从海上喷薄而出，这样一种壮丽的景象本身就很能够感召人，更何况在中国古典文学中，红日、太阳，它往往是指代帝王的；天鸡，天鸡一叫，天下的鸡都开始鸣叫，雄鸡一唱天下白，这个新的一天新的世界就开始了。

以上三个语汇，我们单独看，它都各有各的意义，但是李白把它放在一起，我们多多少少就得有一点想法了，得有一点诗人的想法了。李白想表达什么？他是想说我登这个天姥山，就有一种"登天"的感觉，就有自己在追求自己内心深处高远的政治功业理想的感觉。

我们跟着李白，继续一步一步往前走。

千岩万转路不定，迷花倚石忽已暝。
熊咆龙吟殷岩泉，栗深林兮惊层巅。

看起来，李白登山并不太容易，因为接下来出现的景象，似乎很坎坷、艰难、凶险、曲折，又充满迷幻。

接着又是：

云青青兮欲雨，水澹澹兮生烟。

好像风雨来临，好像烟波四起。这登天姥山的过程不是一路高歌向天姥，而是途中有各种千难万险。

经历了千难万险，才看到一个新的世界打开了：

列缺霹雳，丘峦崩摧。
洞天石扉，訇然中开。

这个新的世界有什么？

青冥浩荡不见底，日月照耀金银台。

> 霓为衣兮风为马,云之君兮纷纷而来下。
> 虎鼓瑟兮鸾回车,仙之人兮列如麻。

这是一种光明的、洒脱的、雍容的、自在的情景,跟刚才李白登山看到的那种凶险、曲折,形成了鲜明的对照。那么,我们想一想,这两种情景在李白的人生历程中有没有相似点呀?我们把李白一入长安的行路之难与二入长安的高光时刻做个对比,和我们刚刚描绘的这种仙境的两段经历,又何其相似乃尔!

所以,李白在梦中游天姥山的经历,很可能是他对自己人生重要的政治经历尤其是一入长安与二入长安的回忆的文学再现。果然,下文又写道:

> 忽魂悸以魄动,恍惊起而长嗟。
> 惟觉时之枕席,失向来之烟霞。

梦醒了,刚才的一切都没有了,只剩下醒来时之枕席!想想吧,这个梦跟现实能有什么差别呢?

> 世间行乐亦如此,古来万事东流水。

我李白一个人，甚至天下人的现实生活，不也和我刚才这一场梦一样吗！在这场梦境中，有过曲折坎坷，恰如当年的初入长安；有过潇洒得意，恰如后来的二入长安。但是一旦梦醒，一切都化作流水，这是一种虚幻的感觉，一种空无所有的失落、惆怅交织在一起的感觉。

既然这种现实追求也是如此的虚幻飘渺，那不如我还是做回我自己，做自己，做自己喜欢，我还是在自然的山水中自由地放飞，实现一个我心中的自我。因此，李白的人生选择是：

别君去兮何时还？

且放白鹿青崖间，须行即骑访名山。

安能摧眉折腰事权贵，使我不得开心颜。

此时此刻，李白宣示：我李白天生就是一个热爱自由、崇尚自由的人，为了实现我理想中的自然、自由、自我，任何人、事都不可以阻挡——"安能摧眉折腰事权贵，使我不得开心颜！"

梦做完了，诗写好了，李白开始东南之行。此行，李白又会见到什么不一样的风景，留下哪些著名的诗篇？

第九章
长安不见使人愁

> 总为浮云能蔽日,长安不见使人愁。
>
> —— 李白《登金陵凤凰台》

李白离开山东,做东南之游,在吴越的青山秀水中疗救自己受伤的内心,他一方面调整自己的心态,一方面继续得江山之助,以大量的诗歌创作充分地表达自己复杂的、纠结的、痛苦的内心世界,也表达他对社会、对时政越来越深刻的认识,他的诗歌在飘逸洒脱之外,多了几分厚重与激烈。

李白始终非常认真地往返于长安道上,希望实现自己的功业理想;李白也始终非常认真地沉溺于诗歌创作,希望实现大雅振新声的文学理想。与诗界同行的角力比拼,就是一种很高级的创作方式,从致敬崔颢的《黄鹤楼》到打造自己的"凤凰台",李白不仅是在试图超越他人,也是在升华自己。

"烟波江上使人愁",崔颢们是游子,牵挂的是乡关;长安不见使人愁，李白是迁客，放不下的是长安。念家是寻常百姓的感情基调，忧国是士大夫的良心起点，家国一体的情怀渗透在字里行间，就是好诗。

一　当年搁笔黄鹤楼

李白写下《梦游天姥吟》，告别了东鲁诸公，一路南下，经行扬州、金陵，探访天姥山、天台山，仍念念不忘心中的长安，《登金陵凤凰台》是这一时期最典型的代表作。

> 凤凰台上凤凰游，凤去台空江自流。
> 吴宫花草埋幽径，晋代衣冠成古丘。
> 三山半落青天外，二水中分白鹭洲。
> 总为浮云能蔽日，长安不见使人愁。

这首诗，可以说是李白与崔颢隔空比拼诗歌艺术与境界格局的著名作品，而一切都要从长江边的黄鹤楼和崔颢所写的《黄鹤楼》说起。

我们都知道，万里长江三大名楼之所以名扬天下，很大程度上是依赖文学作品的超强影响力。滕王阁有名,那主要是因为王勃的《滕王阁序》;岳阳楼有名,那主要是因为范仲淹的《岳阳楼记》;那么,黄鹤楼有名,主要是因为哪一篇诗文? 有人说,是因为李白的《黄鹤楼送孟浩然之广陵》:

故人西辞黄鹤楼,烟花三月下扬州。
孤帆远影碧空尽,唯见长江天际流。

有人说,是因为崔颢的《黄鹤楼》:

昔人已乘黄鹤(白云)去,此地空余黄鹤楼。
黄鹤一去不复返,白云千载空悠悠。
晴川历历汉阳树,芳草萋萋鹦鹉洲。
日暮乡关何处是? 烟波江上使人愁。

还有人说,是因为崔颢、李白、王维、孟浩然、刘禹锡、白居易、杜牧、范仲淹、苏轼、黄庭坚、陆游等唐宋文豪先后登临黄鹤楼并赋诗述怀、赠别,历代积淀的结果。

这些说法,都有道理。其实,中国古人有登高必赋的传统。"人事有代谢,往来成古今。江山留胜迹,我辈复登临。"黄鹤楼所处的九州通衢的地理位置、所负载的神话传说和历史故事以及登临黄鹤楼所见的阔大壮丽的美景，吸引着古往今来的文人墨客，在此留下了不计其数的诗词歌赋，描写江山胜迹，抒发历史情怀，表达家国之思。所以，黄鹤楼，它已经不是一座简单地矗立在长江边的名楼，而是一个文化地标，是一个公共文化空间，甚至是诗人们矜才使气、隔空比拼的开放平台。

来到黄鹤楼这样的人文胜境，文人们总想留下一点笔墨痕迹。而文人之间，又总会存在一种竞争的心理：要么驰骋自己的才华，超越前人；要么自出机杼独树一帜，从同时代的文人中脱颖而出。这是一种非常积极、非常良好、非常健康的文学创作中的竞争心态；恰恰是这些文人之间的风雅竞争，在留下千古传诵的名篇的同时，也留下了惺惺相惜的佳话，丰富了这些名楼的文化内涵。

我们来看看，李白与这黄鹤楼到底有哪些瓜葛？传说中的李白与崔颢关于黄鹤楼的隔空比拼到底又如何引出了凤凰台？

李白一生创作中，涉及黄鹤楼的诗歌有十几首，最著名的当然是他早年送别孟浩然的《黄鹤楼送孟浩然之广陵》：

故人西辞黄鹤楼，烟花三月下扬州。
孤帆远影碧空尽，唯见长江天际流。

开篇两个字就是"故人",故人是相交已久、知根知底、情深意厚的好朋友。孟浩然一生未曾入仕途做官,失去了世俗功利的枷锁,淘汰了虚情假意的应酬,反而沉淀了真心相待的好朋友——故人。所以,孟浩然在《过故人庄》开篇写道:"故人具鸡黍,邀我至田家。"而在李白这首诗中,也是开篇即称孟浩然为"故人"。因为在李白心中,孟浩然既是同道中人,又是一位值得敬重的夫子。李白在《赠孟浩然》中写道:

吾爱孟夫子,风流天下闻。
红颜弃轩冕,白首卧松云。

他说,我所敬爱的夫子孟浩然先生啊,您的高风亮节天下闻名。您在少年红颜时就弃绝功名富贵,白首不改其志依然归卧山林。

醉月频中圣,迷花不事君。
高山安可仰,徒此揖清芬。

古人称清酒为圣,浊酒为贤,所谓"醉月频中圣"就是说孟浩然经常都是在月夜陶醉于清酒，宁可沉迷自然花草也不趋炎附势侍奉君主。孟夫子德行高洁，风清气雅，如高山一般令人仰望，我李白只有向您深深作揖才能表达我的敬爱之意啊！

而现在是一个美好的季节，暮春三月，江南草长，杂花生树，群莺乱飞，李白在黄鹤楼送别故人、夫子孟浩然先生顺流东下，去往美丽繁华的扬州，心中充满了依依不舍的怅惘之情。可是，一首七绝只有二十八个字，剩下十四个字如何表达这种深婉之情？李白的这两句"孤帆远影碧空尽，唯见长江天际流"，没有一个字写感情，但其情感则弥散在这江天碧空、孤帆远影的阔大景象中，堪称诗歌以景语结情的典范。唐诗中名句"野旷天低树，江清月近人"，"山回路转不见君，雪上空留马行处"，都是这种以景语结情的范例。

有趣的是，这首诗所表达的这种情境，还出现在李白的另外一首诗中。李白有一首《江夏行》，以一个当地女子的口吻来表达对夫婿远行的牵挂。其中就有这么几句：

去年下扬州，相送黄鹤楼。
眼看帆去远，心逐江水流。

对比一下这两首诗，天哪！简直要喊救命了！

这是一个小娘子回忆在黄鹤楼送她的夫君去到扬州的情景。关键是,她看到夫君的征帆远去,内心百感交集,恨不得跟着江水一块去,也即"眼看帆去远,心逐江水流"。这简直是另一个版本的"孤帆远影碧空尽,唯见长江天际流"。这首《江夏行》是李白向民间乐府诗学习的拟作,它表达了江夏女子对于远行夫婿的牵挂,但是它所采用的表情达意的方式——"眼看帆去远,心逐江水流",则是可以超越男女、夫妻之情的,我们送男朋友、女朋友,送妻子、丈夫,送老爸、老妈,送孩子,这每一个情景,我们都可以用"眼看帆去远,心逐江水流"来概括;李白当然也可以在黄鹤楼送别孟浩然的时候,以更含蓄的笔触,以更精彩的语言,把这"眼看帆去远,心逐江水流"改写为"孤帆远影碧空尽,唯见长江天际流"。

李白这样的送别诗,还有《江夏送友人》:

雪点翠云裘,送君黄鹤楼。
……
徘徊相顾影,泪下汉江流。

就这样,李白在黄鹤楼送别了一位又一位友人,写下了一首又一首黄鹤楼道别诗,直到有一天,李白在黄鹤楼看到了崔颢写的《黄鹤楼》：

> 昔人已乘黄鹤（白云）去，此地空余黄鹤楼。
> 黄鹤一去不复返，白云千载空悠悠。
> 晴川历历汉阳树，芳草萋萋鹦鹉洲。
> 日暮乡关何处是？烟波江上使人愁。

这首诗，的确写得好！

首联，登黄鹤楼，发怀古之幽思，借昔人成仙而去的传说点明黄鹤楼悠久、绵长而神秘的历史；颔联，极目楚天，展现一幅时空苍茫的辽阔图景，江天一色，白云千载，悠悠无尽，竟有些"前不见古人，后不见来者，念天地之悠悠，独怆然而涕下"的感觉；颈联，纵目饱览江川秀色，一派明丽气象：汉阳晴川阔大，远树历历，江中鹦鹉洲上，芳草萋萋；崔颢流连于这远近高低各不同的美景之中，不知不觉，时已黄昏，江上烟波浩渺，天际落日西沉，于是尾联兴起客游他乡的游子绵邈不尽的乡愁。

全诗有虚有实，有时有空，有景有情，最后以人人莫能免之的乡关之思做结，几乎达到了"低头思故乡"的感人境界。

根据笔记小说所载，李白的反应是，感叹一声："眼前有景道不得，崔颢题诗在上头"，遂搁笔。

接下来，李白会以什么样的方式与崔颢隔空比拼？

二 凤凰台上凤凰游

黄鹤楼之美已经被崔颢写尽了，那李白怎么办？换个题材吧。可是，美丽的峨眉山月，千尺的桃花潭水，飞流直下的庐山瀑布，西风残照的汉家陵阙，难于上青天的蜀道，落天走东海的黄河，"万井惊画出，九衢如弦直"的长安城，"欲上青天揽明月"的谢朓楼，等等，李白都写了，而且写到了无人企及的极致。特别强调一下，"万井惊画出，九衢如弦直"是李白在描写长安城，长安以城坊为单位建制，街道纵横形成井字，远远看去，万千井字的城坊好像画工画出来一样，一条条宽阔的大道如弓弦琴弦一样笔直。

李白在等，找合适的时机，寻对应的题材，用相同的形式，写出不一样的精彩。《登金陵凤凰台》来了：

凤凰台上凤凰游，凤去台空江自流。
吴宫花草埋幽径，晋代衣冠成古丘。
三山半落青天外，二水中分白鹭洲。

李白的长安道

总为浮云能蔽日，长安不见使人愁。

金陵，这是李白一生中多次造访而且流连忘返的江南繁华地、六朝古都城。李白早年出川，漫游长江中下游，曾写下"金陵子弟来相送，欲行不行各尽觞"的长情诗句，也曾书写过发生在金陵长干里的青梅竹马两小无猜的爱情故事。如今，二入长安又离开长安之后的李白，再次来到金陵，其心态已经无法回到当年的潇洒与明丽，而是痛苦与激愤，甚至颓废与无奈了。李白在金陵城的诗歌，情绪颓废与无奈，就往往表现为及时行乐；情绪痛苦与激愤，就往往表达为拍案而起。

大家先看李白一首诗的题目《玩月金陵城西孙楚酒楼达曙歌吹日晚乘醉着紫绮裘乌纱巾与酒客数人棹歌秦淮往石头访崔四侍御》，这首诗的题目很长，他说：我在金陵城西的孙楚酒楼饮酒玩月，欢饮达旦；接着，整整一个白天继续欢歌把盏，一直到晚上；接着，借着这个醉意，穿着紫绮裘，戴着乌纱巾，和几位酒客朋友又划船沿着秦淮河往前走，去石头城访崔四侍御。

这已经是李白人生进入后半段的状态了，他为什么还会如此沉溺于把酒为欢，甚至连续几天夜以继日，那是因为他内心有着无边无际的痛苦要浇灭、要释放、要排遣。这种痛苦来自哪里？不仅仅来自他二入长安的得失成败，更来自天宝五载前后大唐王朝的内政危机。

恰恰是东南漫游的这段时间，李白写下了《答王十二寒夜独酌有怀》，在这首诗中，他拍案而起，表达了自己内心波涛汹涌难以平复、极其痛苦与激愤的情感，尤其是在诗的后半段，他呐喊道："君不见李北海，英风豪气今何在！君不见裴尚书，土坟三尺蒿棘居！"

李北海，就是我们反复提及的李白心心念念的李邕，李白与杜甫、高适几年前还曾拜访过他；裴尚书，即刑部尚书裴敦复，他们都是唐王朝贤良方正的士大夫中坚力量的代表，也恰恰是如日中天的权相李林甫憎恨和打击的对象，天宝六载（747），他们都被李林甫杀害！

这些政治事件引起朝野震动，也让李白在惊愕之余从一己的仕途得失中超越出来，忧心如焚地关切大唐王朝深层次的政治危机。所以，李白在此时此刻，对现实的感慨，不再是他有多么痛苦，而是他看到大唐王朝到今天这样一个状况，是如何的痛彻心扉，而自己却无法为挽救局面贡献绵薄之力！因此他的内心才会充满了痛苦与激愤，甚至颓废与无奈！诗歌中的及时行乐与拍案而起，正是其内心世界的写照。

《登金陵凤凰台》正是写在此时，它还有一首姊妹篇，叫作

《金陵凤凰台置酒》，我们先来看看《金陵凤凰台置酒》中的几句。

> 置酒延落景，金陵凤凰台。
> 长波写万古，心与云俱开。
> 借问往昔时，凤凰为谁来。
> 凤凰去已久，正当今日回。

金陵凤凰台，源于一个传说，南朝刘宋元嘉十六年（439），有三鸟翔集山间，文采五色，状如孔雀，音声和谐，众鸟群附，时人谓之凤凰，于是在山上建造台榭，称为凤凰台。

李白这几句诗，交代了一个背景，提出了一个问题。

所谓背景，那就是李白与朋友在金陵凤凰台上设宴置酒，希望留住落日余晖，把酒言欢；抬头看见万古流泻的长江，云散雾开，心亦随之。

所谓问题，那就是当年的凤凰为谁而来，离开后何时再来，此时此刻，正是凤凰应当归来时。

我们知道，在中国传统文化中，凤凰的出现，象征着一个太平盛世的到来，代表着一个强大时代的崛起，如果说凤凰久久不来，就比较麻烦了。所以李白在诗文中期待凤凰归来，既

第九章 长安不见使人愁

是对和平、安详的时代的渴望,也是表达自己希望能够为当下时局做一番挽救颓势的功业。

现在,我们可以把李白的《登金陵凤凰台》与崔颢的《黄鹤楼》做一个稍微细致的对比了。

我们会发现两首诗很像,比如两首诗的韵脚是相同的,每一联的最后一个字所押的都是同一个韵;两首诗的最后三个字"使人愁"完全一样。两首诗还有很多相同或者相似的地方,我们逐一来解读。

《黄鹤楼》连着三句写了三次黄鹤,"昔人已乘黄鹤去,此地空余黄鹤楼。黄鹤一去不复返……"当然,有的版本首句黄鹤写作"白云";《登金陵凤凰台》连着两句写了三次凤凰,"凤凰台上凤凰游,凤去台空江自流"。这是很有趣的现象,似乎已经透露出李白要与崔颢比拼的心思了;而且,这个有趣的现象,有前导,还有后续,我们稍后分析。

两首诗的首联,各自回顾了黄鹤楼与凤凰台的历史与传说,又都以"空"字概括当下的实景。一比一,打个平手。

两首诗的颔联,都是对"空"的进一步解读,崔颢"黄鹤一去不复返,白云千载空悠悠"直接写"空";李白则从凤凰台写到了金陵城,"吴宫花草埋幽径,晋代衣冠成古丘",六朝古都的宫廷殿堂、衣冠文物都已随历史风烟消逝,至今空无所有。

崔颢从时空的虚处落笔，李白引历史的典故为鉴，再打个平手。

颈联，二者都写眼前之景，崔颢"晴川历历汉阳树，芳草萋萋鹦鹉洲"，清清楚楚，以实笔写静态；李白"三山半落青天外，二水中分白鹭洲"，空灵飘逸，以虚笔写动态。二人第三次打平手。

到了尾联，二者的区别就大了。

崔颢写道"日暮乡关何处是，烟波江上使人愁"，那是一个在天涯漂泊的游子，在外乡打拼的游子，在倦鸟归巢的日暮之时兴起的乡关之思，惆怅满怀，引起古往今来太多太多的文人骚客乃至每一个普通人思念故乡的情感。

李白写道"总为浮云能蔽日，长安不见使人愁"，则表达着诗人对国家命运的焦虑。我们在上一章探讨过，中国古代文化语境中，红日、白日、太阳往往是指代帝王，浮云则往往指代帝王身边的奸佞小人；浮云蔽白日，就表示圣明的天子被奸佞小人所蒙蔽。当李白看到浮云蔽白日的情形就在当下发生，他内心无比焦灼、痛苦，自己却不能到长安城有所作为，无力改变现状，所以感慨"长安不见使人愁"。

咱们经常说家国之恨、家国之痛，如果说崔颢诗的尾联落在了家，所谓"日暮乡关何处是，烟波江上使人愁"，是一个游子对故乡的牵挂；那么，李白诗的尾联落脚点就是国，是一位士大夫对国家的关切。

"知我者谓我心忧,不知我者谓我何求。"作为一个心系天下苍生社稷的读书人,李白忧国忧民却无处施展才能,无法改变颓势,内心痛苦不堪。在这个意义上讲,不论李白这一首《登金陵凤凰台》是不是真的要挑战崔颢,但在事实上,对比两首诗的尾联,自然分出了高下。

念家不一定忧国,忧国却往往包含着念家;人人都会有故园之情、乡关之思,但不一定人人都能关注天下兴亡,忧心国家命运。从这个角度看,李白这首诗的立意、格局、胸襟,以及忧愤深广的程度,早已超越了崔颢那首诗。

三 语不惊人死不休

值得注意的是,李白念念不忘天下苍生,总是把关系到国家安危的长安当作自己精神理想的家,当他在安史之乱中因加入永王李璘幕府被长流夜郎途经黄鹤楼时,写下《与史郎中钦听黄鹤楼上吹笛》:

一为迁客去长沙,西望长安不见家。
黄鹤楼中吹玉笛,江城五月落梅花。

他以汉代被贬谪长沙的才子贾谊自喻,在黄鹤楼中听乐人吹奏《落梅》,一片凄凉中,依然西望长安不见家,表达的仍然是内心深处的家国情怀。

而此时的李白还创作了与黄鹤楼有关的诗歌《鹦鹉洲》:

> 鹦鹉来过吴江水,江上洲传鹦鹉名。
> 鹦鹉西飞陇山去,芳洲之树何青青。
> 烟开兰叶香风暖,岸夹桃花锦浪生。
> 迁客此时空极目,长洲孤月向谁明。

这首诗,有两个问题值得注意。一是诗的尾联"迁客此时空极目,长洲孤月向谁明",一如既往地抒发着迁客骚人的孤独寂寞的家国情怀;二是诗的前三句又出现了三次鹦鹉。从崔颢《黄鹤楼》的黄鹤三叠,到李白《登金陵凤凰台》的凤凰三叠,再到这首《鹦鹉洲》的鹦鹉三叠,这恐怕不是偶然现象吧。有意味的是,大约年长李白、崔颢半个世纪的诗人沈佺期,他曾写过一首歌功颂德的宫廷应制诗《龙池篇》:

> 龙池跃龙龙已飞,龙德光天天不违。

池开天汉分黄道，龙向天门入紫微。

邸第楼台多气色，君王凫雁有光辉。

为报寰中百川水，来朝此地莫东归。

沈佺期这首诗的第一句就有龙字三叠，前四句龙字五叠、天字四叠。看来，崔颢、李白的创作范式也是有所本的。是的，这是唐诗七律一种特殊的创作情形。按常理讲，在格律要求极其严整的七律中，除了必要的叠音词如悠悠、萋萋之外，其他词汇反复出现，必然会破坏音律之美，但高明的诗人，往往故意"出错"，造成一种残缺或者不和谐，再用其生花妙笔，从诗歌整体的气脉、声韵、立意上进行补救，达到特殊的审美效果。就像《红楼梦》香菱向林黛玉学习作诗，纠结于一些好诗竟然也会出现格律规矩方面的问题时，林黛玉指导她说："正是这个道理，词句究竟还是末事，第一立意要紧。若意趣真了，连词句不用修饰，自是好的，这叫做'不以词害意'。"

现在，我们恐怕也逐渐理解了，伟大的诗人李白并不是一个人在诗歌的海洋遨游、成长，他向经典学习，向历史学习，向民间学习，更向当时诗坛前辈如贺知章、李邕致敬，与同时代的诗人高适、杜甫面对面交流，与崔颢隔空切磋，在纵横天下的行旅中，在转益多师、切磋琢磨的学习中，不断增益自己的诗歌艺术。

同时,我们也发现,随着人生经历的丰富,随着命运的波折起伏,随着大唐王朝国运的变化,李白的思想也在不断成熟,他早年那种"已将书剑许明时"的青春理想没有变,"使寰区大定,海县清一"的政治愿望没有变,但动辄感慨自己行路难的牢骚、稍不适意就要痛饮三百杯的愁怨逐渐被忧国忧民的情怀、忧愤深广的呐喊、理性深刻的思考所取代。

诗人的思想、诗艺都在走向成熟,诗人的人生探索也未曾停滞。当河北幽燕之地向他发出入幕的邀请,李白会做如何的选择?

第十章
缘何白发三千丈

> 白发三千丈,缘愁似个长。
>
> ——李白《秋浦歌》

大约在天宝九载(750),五十岁的李白从东南返回齐鲁,不久在宋城(今河南商丘)与宗氏夫人成家。宗氏夫人是武后时期的宰相宗楚客的孙女。李白一生两得相门之后,我们也可以看得出来,虽然李白的政治命运是穷窘不堪,但是,他的精神气度依然有过人之处,才会不断得到他人的欣赏,才会有可能两度与相门结下这特殊的缘分。接下来的几年里,李白大概在天宝十载(751)秋天,漫游燕赵之地,并于五十二岁那年的秋天探访幽州,五十三岁那年的春天三入长安,不久再次南下,主要盘桓于安徽宣城一带,直到天宝十四载(755)十一月安史之乱爆发,五十五岁的李白在岁末北上宋城接了宗氏夫人到南方避难。

五十而知天命，李白何以有幽州之行？一方面，李白始终在寻找实现政治理想的途径，虽然两度长安探索宣告失败，但若能立功边幕也不失为有效的选择；另一方面，李白的名气越来越大，影响力越来越大，无论是此时的安禄山，还是后来的永王李璘，都希望笼络和借重李白这样的知名文士。

幽州之行，无果而终；长安陈情，无果而终；来到宣城，来到皖南的清幽山水间，李白却有了意外的收获。

一 且探虎穴向沙漠

李白的幽州之行，我们可以称之为"且探虎穴向沙漠，鸣鞭走马凌黄河"。李白此番北上，其思想感情极其矛盾复杂，一方面，他怀着建功立业的报国用世热情赴边；一方面，他仗着勇探虎穴的冒险精神去幽州了解安禄山势力的真实状况；此外，他内心也存有几分吉凶难料的悲凉情绪。不探虎穴，于心不甘；慷慨赴边，又充满危险。

天宝十载（751），安禄山已经兼领了平卢、范阳、河东三镇节度使；他重权在握，萌生图谋不轨之心，开始借稳定边疆的名义扩大武装力量，囤积资金财货；同时，他有意挑起大大小小的边疆部族争斗和叛乱，又以自己手握的重兵和狡诈的手

第十章　缘何白发三千丈

段平息这些所谓的叛乱，向朝廷邀功请赏，借以获得唐玄宗更大的信任。因为安禄山反叛之心初萌，反叛迹象尚不明显，所以他更以边关要员的身份，以延揽人才赴边报国的由头，从各个渠道各个方面罗织可为他所用的武夫、文人。这种邀约延揽，是极具迷惑性的。另外，玄宗皇帝也推行崇重边臣的政策，重要疆臣入朝，往往授予高位，因而给人以出将入相的感觉。所以，当时的确也有一些立志报国而不明真相的文人北上幽州，进入安禄山的幕府。敏感的诗人李白，可能隐约觉察到潜藏的危机。因此，他的北上幽州历程可谓是且行且观望，且走且考察。天宝十载秋天，他以"风萧萧兮易水寒，壮士一去兮不复还"的豪侠之气砥砺自己，从开封出发北上，天宝十一载（752）秋天才真正到幽州。

李白一路行走，一路书写，他表达自己的豪情壮志：

紫燕枥上嘶，青萍匣中鸣。
投躯寄天下，长啸寻豪英。

紫燕马昂首嘶鸣，青萍剑铮铮作响，李白慷慨激昂地啸傲北上，希望找到志同道合的英雄豪杰，为大唐的天下捐躯赴难，死不足惜。

他甚至觉得，与其做一位皓首穷经碌碌无为的儒生，不如成为边地的游侠少年在战场杀伐立功：

儒生不及游侠儿，白首下帷复何益！

经行边塞，厕身戎旅，李白也拟写了磅礴、壮阔的战争或练兵景象：

兵威冲绝漠，杀气凌穹苍。
列卒赤山下，开营紫塞傍。

但是，当李白真正深入边塞一线，他才看清了这些幽州边境上战争的真相，那些非正义的不必要的战争带来的战士流血牺牲和家人的无边痛苦是冷冰冰的现实。李白心寒地感喟道：

白刃洒赤血，流沙为之丹。
名将古谁是？疲兵良可叹。
何时天狼灭，父子得闲安？

战士们冒白刃洒热血，染红了战场的流沙；因为没有李广这样的古代良将，眼前战士只能遭受悲惨命运，真是令人叹息；什么时候才能射落象征外族来犯的天狼星，结束这无谓的战争，让父子亲人团聚，让百姓获得安宁与幸福！

李白更发现，安禄山包藏祸心，蓄谋蓄势，不断做大，幽州危机的苗头已经越来越明显了：

> 烛龙栖寒门，光曜犹旦开。
> 日月照之何不及此？惟有北风号怒天上来。
> 燕山雪花大如席，片片吹落轩辕台。

李白在《北风行》里的这些诗句，以一系列苦寒、幽暗的意象，暗示着幽州形势已陷入一片黑暗，朝廷的日月光芒已无法照到这里，安禄山一手遮天，拥兵自重，肆意横行，必将危及大唐王朝的稳定。

李白意识到了自己此行的危险，更意识到，幽州一旦生变，会给国家带来更大的危险。他立刻设法逃离幽州，一路向西，三入长安，向朝廷报忧献策。

李白此番幽州之行，他既能够为建功立业不惜勇探虎穴，又能在看清形势后急流勇退、洁身远行，其报国热忱感人至深，其品节、识见也难能可贵。

天宝十二载（753）的春天，五十三岁的李白怀着强烈的忧国忧民的赤子之心，匆匆来到长安，希望通过哥舒翰等朝中高官向玄宗皇帝揭露安禄山必反的真相。然而，太子李亨向玄宗奏报安禄山有反迹，玄宗尚且不信；朝廷和地方大臣揭露弹劾安禄山的，玄宗置之不理；这样的背景下，李白三入长安的报告与揭露又有何用！

二　饭颗山头逢杜甫

此番入京，李白为国报忧、为君分忧的计划完全落空；但意外的是，李白与杜甫在长安城长乐坡前重逢。李白《戏赠杜甫》记下了这个特别有意义的场面：

> 饭颗山头逢杜甫，顶戴笠子日卓午。
> 借问别来太瘦生，总为从前作诗苦。

根据安旗先生考证，诗中的饭颗山，就是长乐坡，位于今陕西西安市东北朝阳门外七公里处；长乐坡下，有陕郡太守韦坚所开广运潭，广运潭就是唐代漕运的终点，从南方运输到长安的粮食物资首先集中在这里，其近旁地势高处有太仓。这个太仓，也就是当时的国家粮食储备库。

杜甫曾经在诗中写自己在长安的生活处境，他是"朝扣富儿门，暮随肥马尘。残杯与冷炙，到处潜悲辛"。想象一下，在天宝十二载春天的一个大中午，李白和杜甫相逢在大唐王朝的国家粮食储备库的墙外，李白看到杜甫戴着斗笠，又干又瘦，与背后这饱满丰盈的粮仓对比，那效果实在是"惨烈"！

于是，李白就调侃杜甫："老弟，咱们一别快十年了，您长住长安，却怎么如此清瘦啊！这也太对不起我们大唐富裕充盈的生活了！"杜甫苦笑一声，答道："李白老兄啊，您懂的，主要是因为我作诗作得好辛苦！"

我们大家都知道，杜甫既是一位才华横溢的诗人，也是一位精益求精的苦吟诗人。他自言写诗的状态是：

为人性僻耽佳句，语不惊人死不休。

熟知二谢将能事，颇学阴何苦用心。

这一次的李、杜重逢之后，两人再无机会见面。两年后，安史之乱爆发，李白从璘遇难，长流夜郎，遇赦放还后，漂泊东南，最终在安徽当涂离世，杜甫则在饱受战争苦难后，举家迁徙至成都，漂泊西南，苦不堪言。

在如此的悲催岁月里，杜甫始终牵挂着李白，四处打听着李白的消息，写下一首又一首梦李白、怀李白的诗歌，在《梦李白》中，他说：

> 冠盖满京华，斯人独憔悴。
> 孰云网恢恢，将老身反累。
> 千秋万岁名，寂寞身后事。

在《天末怀李白》中，他说：

> 鸿雁几时到，江湖秋水多。
> 文章憎命达，魑魅喜人过。

因此，对于两位诗人在饭颗山（长乐坡）前的这场相逢的意义，安旗先生《长乐坡前逢杜甫》一文感叹道："恨不能起闻一多先生于地下，请他用诗人之笔为李、杜重逢再一次大书而特书。前一次初逢用的是金墨，这一次重逢应该用朱砂，赤红如血的朱砂，像他们在长乐坡前生离死别的眼泪。"

更有意义的是，正因为这次李杜重逢和李白的这首《戏赠杜甫》，饭颗山逐渐演化为一个典故，在宋朝诗人中流行起来，举凡言及李杜情谊、苦吟作诗、穷苦清瘦的话题，苏轼、黄庭坚、陆游、辛弃疾、范成大等宋代文豪都不约而同地将"饭颗山"写入诗中。

与好友杜甫的重逢固然值得欣喜，但三入长安报忧献策的失败，更让李白伤心难过，这也意味着，李白为"使寰区大定，海县清一"的理想所做的又一次政治探索与努力无果而终。

我们可以想象的是，如同李白一入长安、二入长安失败后类似的人生选择，李白又该离开黄河流域去往吴越或者荆楚疗治自己的创伤了。

三 还同谢朓望长安

天宝十二载（753）秋天，李白告别夫人，由中州大地一路南下到宣州，开启了人生漫游与诗歌创作的又一个阶段。

自天宝十二载秋来至宣州，一直到十四载岁末安史之乱的消息传来，李白以隐逸者的身份在皖南山水间徜徉。"我自入秋浦，三年北信疏。"三年间，他的游踪遍及宣州的宣城、青阳、泾县、当涂、南陵、秋浦等地。李白虽然"一生好入名山游"，但作为一个相对完整的生活时期来考察，只有宣州三年这一漫游周期历时最长。尽管李白内心深处并不能真正弃世，但宣州时期他确乎避开了喧嚣的世尘，而与大自然贴得最近。皖南山水之清与其心境之清相表里，造成了李白诗歌以清幽取胜的一个独特创作时期。这一时期，无论所处的客观环境、个人心境，还是诗歌创作，李白都与南齐的一位诗人——谢朓紧密关联。

谢朓一生短短三十六个春秋，但却是南朝诗坛数一数二的巨星。谢朓是中国古代诗歌发展史上极其重要的代表性诗人。他继承和超越了谢灵运所达到的诗歌高峰，他是诗歌走向格律化的关键环节——永明体最有实力与贡献的诗人，他的诗歌创作清新工丽，他笔下的"余霞散成绮，澄江静如练"、"天际识归舟，云中辨江树"、"大江流日夜，客心悲未央"，都是千古传诵的佳句。他更沾溉了一代又一代诗人，李白就是其中一位。

李白早年三拟《文选》，谢朓就是他膜拜和效法的楷模之一；在李白一生所写的诗歌中，涉及谢朓的就有十几首，他欣赏谢朓诗歌的珠圆玉润音声浏亮，他学习谢朓诗歌的发端惊挺，他钟情于谢朓诗歌的清丽风致，他甚至直接把谢朓的诗句融汇在自己的创作中，他的《金陵城西楼月下吟》就把谢朓的名句"澄江静如练"径直录入诗句并指名道姓地追忆谢朓："月下沉吟久不归，古来相接眼中稀。解道澄江净如练，令人长忆谢玄晖。"

而谢朓的人生经历与遭际，更让李白扼腕感怀，也时不时激起他的心有戚戚之共鸣。江左王谢冠冕相继，谢朓出身名门，无奈的是，他们这一支在宋齐之际已经逐渐衰落；谢朓才高好学，诗文清丽，十九岁释褐进入仕途，先后在诸王甚至太子麾下供职，以其文学才华得赏识，也因其才名太盛被谗毁；三十岁起，被萧鸾所任用，萧鸾称帝前，他掌霸府文笔；萧鸾称帝，是为齐明帝，他又掌中书诏诰；齐明帝驾崩，政局跌宕，谢朓被陷害下狱而死。

就在谢朓担任齐明帝朝的中书郎不久，他又离开京城，出任宣城太守，一年多以后，再度回京任中书郎。谢朓于495年春，离开首都建康（南京）赴任宣城；496年秋归京。他在宣城的时间虽然不到两年，但诗歌创作却达到了一生的高峰。尽管齐明帝安排谢朓出守宣城也是厚遇，尽管谢朓后来在宣城实现了"既欢怀禄情，复协沧州趣"的亦吏亦隐两全其美的愿望，但在谢朓出京之初，内心还是非常复杂，他在《晚登三山还望京邑》开篇就写下"灞涘望长安，河阳视京县"的诗句，连续用两个典故，表达其依恋城阙、瞻顾不舍的心态。汉末的王粲在乱世中无可奈何地离开长安南下荆州时，曾写下《七哀诗》道

"南登灞陵岸，回首望长安"；西晋的潘岳在任职河阳时也写诗表达自己遥望京县洛阳的归京情结。在谢朓的诗里，在谢朓的心里，这还望中的建康城就是当年的洛阳城、长安城，是自己最高政治理想的所在地。

而这次，李白离开长安之后，失望、冷寂、愤激、痛苦、郁闷的情绪一路郁积，心中的长安情结根本放不下。当他循着当年谢朓的离京赴宣之路，到三山时，写下《三山望金陵寄殷淑》，感叹"三山怀谢朓，水澹望长安"；当他来到宣城，登高远望时，写下《登敬亭北二小山》，依然在"回鞭指长安，西日落秦关。帝乡三千里，杳在碧云间"。

就这样，来到宣城，李白找到了最能呼应其内心复杂感情的对象——两百多年前的宣城太守谢朓。于是，追怀谢朓，遥望长安，成了李白此间诗歌创作最重要的主题。

> 我家敬亭下，辄继谢公作。
> 相去数百年，风期宛如昨。

李白写道：我到了宣城，在敬亭山下安顿好了自己的归宿，就会想起谢朓，就会赓续谢朓的人生步履和诗歌余韵来写作；虽然我跟谢朓相去几百年了，但好像我们昨天还在情深谊厚地把酒言欢。因此，从这个意义上讲，李白与谢朓之间有一种形影不离的内心相依相伴的关系。眼前的谢朓、谢朓楼、谢公亭，总是勾起李白的去国怀乡之思——"还同谢朓望长安"（《答杜秀才五松山见赠》）。望长安、思帝京，时时刻刻不忘其政治理想。

宣城，成为李白与谢朓今古相接的一条精神纽带，也成为李白回望长安道的人生路口，十月敬亭山，一生长安道，他在《观胡人吹笛》中喊出了逐臣眼中、心中的"长安道"：

> 胡人吹玉笛，一半是秦声。
> 十月吴山晓，梅花落敬亭。
> 愁闻出塞曲，泪满逐臣缨。
> 却望长安道，空怀恋主情。

这种情感放射出去，宣城山水与曾为宣城太守的山水诗人谢朓，在李白眼中全然融成了一体：

> 江城如画里，山晚望晴空。
> 两水夹明镜，双桥落彩虹。
> 人烟寒橘柚，秋色老梧桐。

谁念北楼上，临风怀谢公！

谢朓任宣城太守时，曾在郡城北面的陵阳山建室曰高斋，在这里视事办公，勤于政务，而百姓也因此安居乐业，宣城大治。这高斋，就是后代所谓谢朓楼的前身。当李白一次又一次登上宣州谢朓楼，也就一次又一次留下追怀谢朓和抒发自我心绪的作品，其中最具代表性的诗是《宣州谢朓楼饯别校书叔云》：

> 弃我去者，昨日之日不可留；
> 乱我心者，今日之日多烦忧。
> 长风万里送秋雁，对此可以酣高楼。
> 蓬莱文章建安骨，中间小谢又清发。
> 俱怀逸兴壮思飞，欲上青天揽明月。
> 抽刀断水水更流，举杯消愁愁更愁。
> 人生在世不称意，明朝散发弄扁舟。

这首诗是宣泄郁愤之作，"弃我去者，昨日之日不可留；乱我心者，今日之日多烦忧"，这两句道尽了大半生悲辛及眼前困厄；"抽刀断水水更流，举杯消愁愁更愁"，惯用的借酒浇愁的排解方法已经失效，可见其愁烦郁愤的无比深重。

这首诗也是寻求精神解脱之作，诗曰："人生在世不称意，明朝散发弄扁舟。"饮酒不能浇愁，所幸还有归返自然、归隐田园、纵情山水的选择。

这首诗还是抒写生平壮怀之作。登楼远眺，秋空万里，酒酣耳热之际，李白豪兴大发，写道："蓬莱文章建安骨，中间小谢又清发。俱怀逸兴壮思飞，欲上青天揽明月。"这是李白在书写文学理想，他推崇蓬莱文章建安骨，他赞赏六朝中风标独举的诗人小谢——也就是谢朓，他毫不犹豫地要赓续前人，在"圣代复元古"的大唐王朝，挥洒诗笔，弘扬风骨，实现大雅振新声。因此李白要与谢朓一起，"俱怀逸兴壮思飞，欲上青天揽明月"，既追求文学理想，又实现功业抱负。

四　桃花潭水深千尺

这段时间，李白漫游秋浦，一口气写了十七首《秋浦歌》，其中最著名的是第十五首：

白发三千丈，缘愁似个长。
不知明镜里，何处得秋霜。

李白感叹，我这飘然三千丈的白发银丝，都是因为满腹愁绪而像眼前的秋浦清溪流水一般长得没有尽头；不经意低头向明镜，突然发现明镜里居然也泛起一层秋霜。这首诗妙在"明镜"的双关意义。李白另一首诗《与周刚清溪玉镜潭宴别》有云：

溪当大楼南，溪水正南奔。
回作玉镜潭，澄明洗心魂。

原来，这玉镜潭是秋浦清溪水因地势变化、水流回转而形成的水潭，澄明可鉴，就像一面明镜。如果白发飘飘的李白是对着生活中的明镜实物顾盼，那小小的镜面满是白发影如同秋霜，这样虽然写得很形象，但也没有什么特别之处；如果李白是在澄明的玉镜潭边临水而照，发现宁静的水面怎么会泛起白霜，原来是自己的白发太多太长，原来是自己的愁绪太浓太深，不由得一阵苍凉之感袭来，诗歌就具有了一种动人心魄的力量。

愁苦之际，泾县汪伦请李白到桃花潭饮酒散心。

李白在《过汪氏别业》中回忆造访桃花潭的美好往事。"畴昔未识君，知君好贤才。随山起馆宇，凿石营池台"，原来汪伦是一位尊贤好客的君子，打造了优雅清丽的池台楼阁，只等友朋往来。李白来访了，主人热情款待："永夜达五更，吴歈送琼杯。酒酣欲起舞，四座歌相催。"汪伦慷慨洒脱，与李白长夜为欢，主人家的侍女唱着软糯的吴歌向李白频频敬奉琼浆玉液，李白酒到酣处，不觉要翩翩起舞，座中主宾也都纷纷击节纵歌，沉浸在欢乐中。载歌载舞，载笑载言，酒酣耳热，夜色无边。

不知不觉，天亮了。醉眼蒙眬的李白辞别汪伦，登上小舟，准备出发，却听到岸边又响起悠扬的歌声，原来是宅心仁厚、重情重义的汪伦敬重李白，又安排了一场踏地为节、纵情放歌的送别仪式，让绵邈不尽的歌声陪伴李白的小舟渐渐远去。李白在为政治理想奋斗的过程中，获得的总是坎坷、打击、行路难，而在这皖南的青山秀水中，却无意间收获了真淳和深婉的情谊，深深感动之余，李白提笔写道：

李白乘舟将欲行，忽闻岸上踏歌声。
桃花潭水深千尺，不及汪伦送我情。

从泾县桃花潭回到宣城，李白想起了久久未见的酒馆老板纪叟，他要找他的这位老朋友叙叙旧，聊聊天。

　　来到纪叟酒馆，李白才知道纪叟已经离开人间了，纪叟临终时还特意叮嘱家人为李白留下两坛最好的老酒。在宣城，纪叟的酒酿得好，远近闻名。李白特别懂酒，又特别懂纪叟的酒，他跟纪叟，就是酒中的知音、壶中的知己。如今，再来到纪叟酒馆，美酒还在，知音却已隔世。李白黯然伤神，跟纪叟家人说，我来写首题壁诗，为纪叟送行吧。于是，提笔写道：

　　　　纪叟黄泉里，还应酿老春。
　　　　夜台无李白，沽酒与何人！

　　李白说，老纪啊老纪，您怎么就走了呢！您到了黄泉里，是不是还在重操旧业酿老酒啊？诗中的这个老春当然就是指老酒了。可是啊，夜台，也就是阴间那个世界，我李白还没去，您这么好的酒卖给谁呀！别人既不懂你，又不懂你的酒，所以呀，老纪，您再等一等我吧！

　　读到这里，我想我们都要掉眼泪，我们对于亲人朋友的怀念，可以用各种各样的方式来表达，但此前有没有看到这样一种表达方式！这首诗所表达的既是李白对纪叟千般难舍、万般不弃的这样一种悼念、挂念，也是李白对自己满满的自信，天下除了我李白还有谁懂你的酒。这就是李白。

我们经常说，杜甫是人民的诗人，杜甫的诗忧愤深广，他写到了那个时代社会生活的各个方面，尤其是反映了包括他自己在内的人们的生活中的欢乐与苦难。

但我们也可以说，李白也是人民的诗人。我们会发现李白在诗歌中，总会写到很多很多普通民众内心的欢乐感动，即使苦闷也要呐喊，如果欣喜哪怕是小小快意也要表达。

我们就会发现当年轻的朋友遇到了坎坷挫折，我们会讲"行路难！行路难！多歧路，今安在？长风破浪会有时，直挂云帆济沧海"。

我们也会发现，当我们受到别人质疑，甚至自己怀疑自己能力的时候，我们自然会想起李白的"天生我材必有用"。

我们还会发现，当我们内心痛苦万端无法消除的时候，我们自然还能想起李白的"五花马，千金裘。呼儿将出换美酒，与尔同销万古愁"。

当饮酒也不能解愁的时候，我们又会想起"人生在世不称意，明朝散发弄扁舟"；当我们与真心好友把酒告别的时候，我们可能会感叹"桃花潭水深千尺，不及汪伦送我情"；当我们与好友人间道别的时候，又不由得会啜泣着念两句："夜台无李白,沽酒与何人!"

　　李白的诗旅人生,行走的是山河之旅,书写的是人间诗歌,站在大地上,活在人群中,把自己和民众共同的心声用最美的唐诗艺术表达出来,这就是李白。

　　正当李白陶醉在满满的人间烟火气息之中时,他所担忧的幽州危机发生了。安史之乱爆发,李白何去何从?

第十一章
不识庐山真面目

> 不识庐山真面目，只缘身在此山中。
>
> ——苏轼《题西林壁》

天宝十四载（755），安史之乱爆发，五十五岁的李白从江南赶回宋城接了宗氏夫人，再度南下，最终选择在庐山屏风叠避难。岂料，李白在避难所遇到导火索，永王李璘派韦子春邀请李白入幕；李白前脚登上李璘的楼船，后脚被拽进了战火与冤狱。

庐山，曾是李白挥洒青春诗才的梦想平台，李白的瀑布诗如同瀑布一样，疑是银河落九天，是人间诗人无法企及谪仙的情韵神来之笔。一直到宋朝，坡仙苏轼来到庐山，换了个套路，以瘦硬奇警的哲思别开生面，写下《题西林壁》，算是和李白打了个平手。

事实上，坡仙可能也是不识庐山真面目的，所以，他在黄州之后还有惠州与儋州；谪仙恐怕也是不识庐山真面目的，所以，长流夜郎的悲剧命运在前方等着他。那么，高适、王维、杜甫，他们是不是又识得了庐山真面目？

一 遥看瀑布挂前川

我们都非常熟悉李白的《望庐山瀑布》。当年，李白《别匡山》写道"莫怪无心恋清境，已将书剑许明时"；李白离开自己的故乡留下了《峨眉山月歌》，进入湖北境内写下了《渡荆门送别》，在江陵遇到了司马承祯写下了《大鹏遇希有鸟赋》。这么一路走来，李白来到了庐山。此时此刻，年轻的、对未来充满了无限想象的李白，他的胸襟是博大的，他的气质是高昂的，他的精神气质投射到自然万物中所进行的表达也是非同寻常的，于是就有了我们看到的《望庐山瀑布》：

> 日照香炉生紫烟，遥看瀑布挂前川。
> 飞流直下三千尺，疑是银河落九天。

有意思的是，李白还有一篇五言古体庐山瀑布诗，它也叫《望庐山瀑布》，风格气质跟大家熟悉的这首七言绝句长得完全不同，我们先来解读一下他的这首五古《望庐山瀑布》：

> 西登香炉峰，南见瀑布水。
> 挂流三百丈，喷壑数十里。
> 欻如飞电来，隐若白虹起。
> 初惊河汉落，半洒云天里。

首先，"西登香炉峰，南见瀑布水。挂流三百丈，喷壑数十里"，这几句给我们还原了当年李白先是登上香炉峰，然后看到瀑布水的，这个瀑布怎么样？是"挂流三百丈，喷壑数十里"，它不仅有从上到下的三百丈高度，还有喷流奔腾数十里的壮观气象。这不就是七绝中的"飞流直下三千尺"！

接着继续描绘，"欻如飞电来，隐若白虹起"，这个瀑布奔流迅疾好像飞电一般，水花飞溅，水雾弥漫，好像白虹隐约其间。这奇丽的景观像什么？"初惊河汉落，半洒云天里"，就像银河从云天里洒落人间。这不就是七绝中的"疑是银河落九天"！

接下来的几句：

> 仰观势转雄，壮哉造化功。
> 海风吹不断，江月照还空。

> 空中乱潈射，左右洗青壁。
> 飞珠散轻霞，流沫沸穹石。

继续从不同角度工笔描绘瀑布之壮观，感慨造化之伟大。最后，他说：

> 而我乐名山，对之心益闲。
> 无论漱琼液，且得洗尘颜。
> 且谐宿所好，永愿辞人间。

以此六句作结，表达自己一生好入名山游、面对瀑布心益闲、情愿归隐辞人间的愿望。

我们再回到原作，就会发现李白的这一首七绝版的《望庐山瀑布》的可贵之处了。

我们仔细对比一下，五言古体版的瀑布诗，李白从不同角度描绘了庐山瀑布各种各样的美，而且表达了自己希望登仙归去、神游八极之表的心情。而这一首，却是以四七二十八个字，极其浓缩的篇幅，展现了更为巨大的魅力。

它的魅力在哪里？我们再细细品读一下。

"日照香炉生紫烟"。太阳照着香炉峰，烟岚雾霭依依袅袅。

香炉峰本身是山，可是作者在这里有意识地去掉一个山，好像是日照香炉，自然升起了紫烟。曾经有一位小学生问我：海滨老师，为啥这里不是白烟、黑烟、青烟，或者别的什么烟，而是紫烟呢？这个问题，我也把它抛给读者考虑一下。

赵昌平先生认为，根据生活常识，烟云之气在日照之下，除了旭日东升和夕阳返照时，一般都是青白色的。烟云呈红紫色，一定是因为有大量水汽，是光线透过水汽的作用。在我看来，紫烟不仅仅是指紫色的烟气，也不仅仅是指日本动画片里的人物的名字，紫烟更是中国古代道家文学、道教文化经常出现的一个标志性的语汇。晋代郭璞《游仙诗》之三写道："赤松临上游，驾鸿乘紫烟。"上古仙人赤松子就是驾着飞鸿、乘着紫烟而行的。李白在《奉饯高尊师如贵道士传道箓毕归北海》也写道："别杖留青竹，行歌蹑紫烟"，为他授道箓的高尊师也是蹑紫烟而行的。

"遥看瀑布挂前川"。我们在生活中拍照片，尤其是拍瀑布，会有一种常识，如果我们平视或者是俯视瀑布，这个瀑布就显得不太大、不太壮观，如果选择一个比较低的位置仰视角度来拍瀑布，那瀑布是异常的壮观，又高，又远，气势宏伟。问题在于，李白说，我可不像你们选择这个角度来看瀑布，而是我远远地看——遥看。问题在于，我远远地看这个瀑布，这个瀑布依然是——"飞流直下三千尺",这就等于告诉大家不用开美图工具,不用任何摄影技巧,拿出相机顺手随便一拍,这道庐山瀑布就风景异常,足以震撼心灵!能震撼到什么程度?"疑是银河落九天",好像是天上的银河自九天落下,往上看,星汉灿烂,裹挟着浪花飞溅,飞流直下;往下看,浩浩汤汤,横无际涯。可以说,通过这样的方式,李白非常传神地把五言古体版那一大篇文字所描绘的庐山瀑布这种景致的精髓,给我们凸显出来了;而且,通过香炉紫烟,还暗含了道家气息在其中。

更有意思的是,李白这首七绝版的《望庐山瀑布》给后人造成了很大的压力,后来的诗人一方面非常崇拜和仰望李白,一方面也希望超越李白。问题是,李白这首诗写在前面了,谁还敢写庐山瀑布?

有!

中唐诗人徐凝,他写过一首诗,就叫作《庐山瀑布》。

他写道:

虚空落泉千仞直,雷奔入江不暂息。
今古长如白练飞,一条界破青山色。

第十一章 不识庐山真面目

我们今天平心而论，徐凝这一首《庐山瀑布》写得也还是不错的，尤其是后两句，这个一条白练把青山从中间给破开了，这样一种视角、这样一种表达，也还是很有特色的。当然，李白的七绝版写动态的美，写超凡的美，而徐凝只是写静态的人间凡俗之美，自然是无法与太白诗比拟的。

面对同一座山、类似的风景，有才华的文人，他总是希望在比拼的时候超越前人。因此，到了宋朝，苏轼来到了庐山，也看到了这个瀑布，感受到了眼前的庐山瀑布之美只有李白诗才能传神，其他任何作品都无法超越，于是他称徐凝的《庐山瀑布》是恶诗。

他写道：

帝遣银河一派垂，古来惟有谪仙词。
飞流溅沫知多少，不与徐凝洗恶诗。

苏轼的意思是，千言万语一句话，庐山瀑布只有李白的诗才能把它写到位，剩下的人再不要自作多情，来这里废话，徒增后人笑话。那，苏轼怎么办？苏轼自然有他的满满的"心机"，苏轼没有用更多的笔墨来写庐山的瀑布，但他却在漫游庐山之后，写了很多庐山打卡诗之后，留下了一篇写庐山之山的哲理性的作品，那就是大家所熟悉的《题西林壁》：

> 横看成岭侧成峰，远近高低各不同。
> 不识庐山真面目，只缘身在此山中。

这就是艺术家的巧妙！这是非常巧妙的错位竞争，关于庐山，李白写水写到极致，苏轼写山写到巅峰，后人就只好搁笔了。

二 从璘遇难遭长流

我们思考一下，早年在庐山留下壮丽诗篇的李白，后来在庐山避难隐居的李白，他到底是不是识得庐山真面目？

李白这一生，跟庐山的缘分非常深，多次经行庐山，逗留和打卡庐山，早年出峡之后在庐山写下大家熟悉的《望庐山瀑布》，那是李白青春飞扬、诗思无敌的典范之作；但是到了李白晚年，庐山成了李白的避难之地、隐居之地，当然也是李白的伤心之地，这就要从我们上一章所谈到的李白结束了南北漫游、遭遇了安史之乱后他的人生选择谈起。

天宝十四载（755），安史之乱爆发，李白从江南赶回宋城接了宗氏夫人之后，逃往南方躲避战乱。一路所见，都是乱象与惨状。李白在《猛虎行》里写道：

旌旗缤纷两河道，战鼓惊山欲倾倒。
秦人半作燕地囚，胡马翻衔洛阳草。

安史之乱爆发，山河震荡，生灵涂炭，不由得让人肠断泪下。转瞬之间，大唐的子民变成所谓大燕国的囚徒，胡兵胡马横行在东都洛阳，战争形势瞬息万变，大唐国运危在旦夕。

他在《扶风豪士歌》里又写道：

洛阳三月飞胡沙，洛阳城中人怨嗟。
天津流水波赤血，白骨相撑如乱麻。
我亦东奔向吴国，浮云四塞道路赊。

李白亲身体验到了这样一场灾难，被安史叛军占领的洛阳城，百姓惨遭荼毒，流血成河水，白骨相撑拄。这种灾难，给国家、给民族、给每一个大唐子民都带来痛苦，可是，一介书生的李白也无可奈何，乱前赴京预警，朝廷无门；乱中投身战斗，从军无路；更何况还有妻子儿女，他只能奔向南方，到吴楚之地来避难，暂时在庐山的屏风叠隐居，期待寻找报国救国的机会。

隐居在庐山屏风叠的李白，内心也是非常纠结，他在《赠王判官时余归隐居庐山屏风叠》感慨：

大盗割鸿沟，如风扫秋叶。
吾非济代人，且隐屏风叠。

安史叛军如大盗，天下形势为之割裂，天下风云沧桑变幻，我李白没有能力来大济苍生社稷，只好无可奈何地躲到庐山的屏风叠，以求自安。但此时李白的内心如何能够自安，所以他依然在寻找机会，希望为危难中的国家做一点自己力所能及的事情。

就在这个时候，有人来了，这个人叫作韦子春。他是永王李璘派遣的一位说客，一位代言人。他邀请李白加入永王李璘的幕府。永王李璘当时是受了唐玄宗的任命为江陵大都督，在南方经营水军，并且沿江东巡，希望延揽李白这样的人才入幕。得到韦子春所转达的永王李璘的消息之后，李白又不淡定了。他刚刚说完"吾非济代人，且隐屏风叠"，转眼就又在《赠韦秘书子春》中写道"苟无济代心，独善亦何益"，一个读书人，如果不能大济天下苍生，不能有所作为，隐居在山中又有什么意思，又有什么意义，又有什么价值！我李白要去做一番事业！

于是李白继续写道：

留侯将绮里，出处未云殊。

终与安社稷，功成去五湖。

他说，为刘邦出谋划策底定天下的留侯张良，和为稳定大汉江山辅佐太子的商山四皓，他们的人生进退，其实并没有区别，天下有难，国家有难，我就出来做一番事业，大定苍生社稷，功成之后，我就隐退。

既然现在天下有难，永王李璘又派人三顾茅庐，因此我李白现在也该出来为天下苍生做一番事业了。李白不仅这么想，而且立刻做出了决断——加入永王李璘幕府。

于是，他就跟宗氏夫人告别。宗氏夫人是大家闺秀、相门之后，她自然更能够看得清当时的形势变幻，她苦苦奉劝李白，乱世不要轻举妄动。但是李白说，人家永王李璘派韦子春多次登门请我下山，我可以不顾别的，难道我可以不顾天下苍生吗！李白这使命感，多像当年刘备三顾茅庐时诸葛亮的感觉！

所以李白说，夫人啊，你不要再劝我了，我要去试一试。

李白真的打算下山了,他还写下了一组诗,叫作《别内赴征》,他在诗中写道:

> 王命三征去未还,明朝离别出吴关。

他对夫人说,永王派人三顾茅庐请我出山,我明天就要去建功立业了。

> 归时倘佩黄金印,莫学苏秦不下机。

等我辅佐永王平定战乱,功成名就,就像当年的苏秦一样,一下子配六国之相印,你可不要像当年苏秦的夫人一样,以为我一无所成,对我爱搭不理。

天宝十五载(756)岁末,已经五十六岁的李白奉永王李璘征召,下庐山,加入永王李璘的幕府。李白当然是怀着"齐心戴朝恩,不惜微躯捐"的报国热忱入幕的,也希望能够建功立业,为这个危难的天下,尽自己的绵薄之力。加入永王李璘的幕府之后,李白写下一系列作品,一方面歌颂永王李璘,一方面表达自己的雄心壮志,他写道:

第十一章　不识庐山真面目

> 永王正月东出师，天子遥分龙虎旗。
> 楼船一举风波静，江汉翻为雁鹜池。

意思是说，受天子唐玄宗之委派，永王于正月沿长江东线而出，一定会大有作为，战事会因此而消停，江汉大地又会变成一片自然宁静的田园池苑。

他还写道：

> 三川北虏乱如麻，四海南奔似永嘉。

李白说，此时此刻天下大乱，有似当年西晋末年的永嘉之乱。

> 但用东山谢安石，为君谈笑静胡沙。

不过永王李璘您能够用我李白，那我就像当年东山再起的谢安一样，一定能够为这个天下做一番事业，谈笑间平定战乱，为大家带来平安与祥和。

李白接着写道：

> 试借君王玉马鞭,指挥戎虏坐琼筵。
> 南风一扫胡尘静,西入长安到日边。

他向永王表示,有您的信任,我一定能够出谋划策,辅佐您南风一扫,胡尘就此平静,我们大唐王朝又能重返太平,开启新的历史篇章。

我们不得不说,李白的这些作品写得大气磅礴,也充分表达了他对永王李璘的信任与期待,既然永王李璘对我李白有知遇之恩,我李白也要敢效微躯,最终挽救大唐王朝于危难之中。

但是我们也要看到,李白其实并没有意识到此时此刻朝廷尤其是王室内部政治斗争的复杂与险恶。因为安史之乱爆发,玄宗带领群臣百官"幸蜀",就是到四川避难,而太子李亨在灵武登基即位。即位之后的肃宗,他要迅速掌握全国形势的主动权,他认为在长江中下游的永王李璘是一个巨大的威胁,认为李璘只听命于身在四川的唐玄宗,却不服从自己的安排,他就判定永王李璘有异志、异图,于是发兵征讨永王李璘。

结果,至德二载(757)二月,李璘兵败丹阳;而李白因为是李璘的部从,也就以"附逆"之罪陷狱。真是祸从天降啊!李白虽然一片赤胆忠心,但是结局却是身陷囹圄,一筹莫展!

狱外,宗氏夫人等四处求援哭号,经过江南宣慰使崔涣以及御史中丞宋若思的营救，李白曾经也一度出狱，还曾经一度有望被推荐任官，继续为朝廷效力；但最终，朝廷还是判处李白长流夜郎。

唐朝刑罚分笞、杖、徒、流、死五种，长流是仅次于死刑的一种最重的刑罚，也就是说李白离死只差一步。命运已经如此，李白作为大唐王朝宗室斗争无辜的牺牲品，只能踏上长流的路途，一步一步地沿着长江回他的老家四川，再继续往前赶到他的流放地夜郎。

这结局，我们想想也是百感交集！李白何罪之有，李白作为一个读书人，只是想在天下蒙难之际，发挥自己的个人有限的力量，但是，最终的结果却是如此的悲惨！

李白长流夜郎的这一路行程，沿着长江走走停停，到了江夏，他特意去探访了老前辈李邕的故居。

青年的李白，在渝州（重庆）拜访李邕，受到小小的冷遇，李白写下了《上李邕》向李邕表示不服，"宣父犹能畏后生，丈夫未可轻年少"；中年的李白，和杜甫、高适，一起在济南拜访了李邕，大家尽释前嫌，李白还写诗赞扬李邕；再后来李邕在政治斗争中被李林甫迫害致死，李白内心痛苦无比，写下《答王十二寒夜独酌有怀》，感慨"君不见，李北海，英风豪气今何在！"

而此时，李白来到李邕故居，一切往事，齐集心头，我们可以想象一下，李白此时此刻心里是什么样的滋味。那个当年自认为"莫怪无心恋清境，已将书剑许明时"的李白，随着人生一步一步的变换，对于大唐王朝、对于天子、对于现实、对于自己，都有了越来越多更深刻的认识。

三　只是当时已惘然

永王李璘之祸是李白晚年一个重大的打击，咱们来做一点回顾和分析。

永王李璘是不是真有反心，这件事情的来龙去脉到底如何，学术界不同意见并在歧出。这个问题我们不展开讨论。当时的形势是，天宝十五载（756）七月，新皇帝肃宗已经登基，而老皇帝玄宗又在蜀，这样一种二日并存的微妙态势，当时有些人已经感受到了，跟李白同在永王幕府中的孔巢父、萧颖士就识趣地离开了永王幕府，因此他们也幸免于株连。从这个背景下看，李白毅然决然不回头的选择，所显示出来的，还是一种政治上的不成熟。诚如魏颢在《李翰林集序》中所说："四海大盗，宗室有潭者，白陷焉"，安史之乱中，李白被裹挟到朝廷宗室的内部中，成了皇族争权夺利的牺牲品。

我们再来看看与此事件相关的另外一位诗人——高适,他在永王李璘陈兵东南之初,就应肃宗之召,分析江东之利害,判断李璘必败;并且在接下来剿灭李璘之乱的过程中,发挥了最重要的作用。高适也由此踏上一条仕途比较顺利且逐渐上升的道路,最终成为唐代诗人中为数不多的封侯者。这个事实告诉我们,有政治上的洞见,和有文学上的建树,并非每个诗人都能够兼顾的。高适达到的荣耀的政治顶峰,与李白落得的悲催的政治结局,形成了鲜明的对比。

我们也顺便说说另外两位诗人的命运。

一位是王维。当安史之乱爆发之后,王维没来得及跟玄宗逃往四川,被俘之后,他也以假称患病等各种各样的消极方式,不配合安禄山的新朝,但最终无可奈何,他在洛阳被任以伪官,成为了安禄山新朝中的给事中。这无疑是王维的一个污点。两年之后,长安、洛阳克复,王维和一批伪官就被收在狱中进行审讯。在这个过程中,王维因为两方面的状况得到了宽宥和赦免。一方面,就是他的弟弟刑部侍郎王缙平乱有功,请求削减自己的官职功名为哥哥赎罪;另一方面,王维担任伪官时,曾针对安史叛军的伪朝廷逼迫乐工奏乐供其宴饮享乐,写诗《凝碧池》:

> 万户伤心生野烟，百官何日更朝天。
>
> 秋槐叶落空宫里，凝碧池头奏管弦。

可以看得出来，"百官何日再朝天"，这无疑是沦陷区的文武百官和老百姓共同的心声，表达了当时无可奈何的王维心中对朝廷的忠诚。总之，经过这次风波，王维最终得到了赦免，甚至后来官职还有所升迁。

另一位是杜甫，大家熟悉的大诗人，李白的好朋友、小迷弟，杜甫在安史乱中的长安城里，写下了大家熟悉的《春望》：

> 国破山河在，城春草木深。
> 感时花溅泪，恨别鸟惊心。
> 烽火连三月，家书抵万金。
> 白头搔更短，浑欲不胜簪。

这里想特别强调一下的，"国破山河在"的这个"国"，它不是国家之国，而是指国都，杜甫恰恰是在被敌寇占领的唐朝国都长安，写下了这首作品。当然，他后来听说太子李亨已经在灵武即位，于是出长安城投奔新即位的肃宗，被任命为左拾遗。不过，杜甫的政治态度、政治作为，最终仍然不被肃宗欣赏，等到长安克复之后，杜甫供职不久就毅然决然地离开了长安。后来有了"一岁四行役"，最终经过蜀道到了成都，开始了他漂流西南的生活，也开启了他诗歌创作的一个新的时期。

李白、高适、王维、杜甫，这些诗人的命运各不相同，但是他们发生如此重大变化的一个根本点在于时代的动荡和离乱。在这个大背景中，李白的结局如此悲惨，恐怕和李白对于政治形势的认识、对于朝廷斗争复杂性的认识相当不足是有关的。这一点是一种遗憾，是一种无奈。我们在今天贸然做正负面评价，恐怕都是未必确当的，只好让这样的遗憾，留在历史的烟尘之中。

第十二章
太白余风激万世

> 余风激兮万世，游扶桑兮挂左袂。
>
> —— 李白《临路歌》

至德二载（757），五十七岁的李白因从璘入狱，被长流夜郎；乾元元年（758）春天，五十八岁的李白从浔阳出发，踏上漫长的流放之路。真是英雄末路、无可奈何！前路茫茫，也许这一次到夜郎，李白就再没有归途了！如果李白就此一路走到夜郎，我们相信李白也还会有诗歌传世，但我们可能就永远看不到《早发白帝城》了。

岂料，苍天有眼！李白遇赦。

早发白帝城，暮至江陵城，再一路东下，暮年的李白，漂泊江南，在何处终老呢？他选择了皖南的一座小城当涂。李白人生的最后一首诗，要书写什么内容呢？他选择了孔子和大鹏。

李白的长安道

一　朝辞白帝彩云间

乾元二年（759）的春末，五十九岁的李白到达奉节白帝城的时候，朝廷因为大旱发布大赦令，李白在这个大赦名单之列！因为这样一个天赐的意外的机遇，李白幸运地得到了赦免。此时此刻的李白，有两种选择。

第一个选择是，这都到奉节白帝城了，沿着长江继续前行，就可以回到故乡巴蜀之地了，当年感慨"仍怜故乡水，万里送行舟"的李白，现在顺势回故乡，不是挺好吗！

第二个选择，就是掉转船头，沿江东下，继续探索未知的未来。

总是怀着一颗少年心的李白在绝境中逢生，欣喜若狂，他没有选择回四川老家，而是次日，早发白帝城，一路顺流而下。

> 朝辞白帝彩云间，千里江陵一日还。
> 两岸猿声啼不住，轻舟已过万重山。

解读李白，一路到这里，对于这首《早发白帝城》，我们可能就会有一点新的看法和认知了。这首诗，恐怕并不是李白简单地在描绘、歌颂大好河山，而是他死里逃生后内心无比兴奋、无比欢快的情感记录。

我们还可以再思考一下，这时候的李白已经进入人生的晚年，也更是进入他诗歌创作的一个成熟时期，他这首诗的写作，也许是无心无意的，但是在诗艺上却达到了一个顶峰。

"朝辞白帝彩云间"，这多巧妙啊！是在彩云间告别了白帝，色彩的构成和对比是多么强烈！他明明离开的是白帝城嘛，但是好像是在彩云间告别了天上的白帝，从一个虚无缥缈的世界回到他热爱的现实生活中了。李白早期诗歌中明亮明丽的调子又回来了。"千里江陵一日还"，白帝城距江陵有千里之遥，但却能够一日还，因为他的心情是非常激动的、非常迫切的，行程也是非常急促的！"两岸猿声啼不住，轻舟已过万重山"，转眼之间，李白已经回到江陵。如果我们稍微留意一下，就会发现，这首诗中，两岸，万重，千里，一日，这一、二、千、万，这些数字在这一首诗中用得是不露痕迹，但又有着特别强烈的对比效果！

李白终于死里逃生了，接下来又会如何呢？

从五十九岁遇赦放还，一直到六十三岁离世，李白依然在长江流域凄苦漂泊。他从三峡到荆楚再到吴越，其晚年漂泊的路线与二十四五岁首次出蜀是类似的，但身心状态则是复杂得多。

所谓复杂得多，是指年满一甲子的李白既有一种世路艰难、英雄迟暮的无奈，又有一种年命如流、及时行乐的狂放，更有一种老骥伏枥、志在千里的豪迈。可以说，李白的年事已高，身体已老，但胸中所怀的还是一颗少年心。

把酒言欢，借酒消愁，依然是李白生活的常态，他在江夏时说：

> 愿扫鹦鹉洲，与君醉百场。
> 啸起白云飞七泽，歌吟渌水动三湘。
> 莫惜连船沽美酒，千金一掷买春芳。

他希望与朋友在鹦鹉洲连醉百场，长歌短啸，一掷千金。他在洞庭时说：

> 巴陵无限酒，醉杀洞庭秋。

> 且就洞庭赊月色，将船买酒白云边。

他要在洞庭湖以月色白云为伴，沉醉其间。

第十二章　太白余风激万世

他或者登高举觞：

昨日登高罢，今朝还举觞。

他或者醉后起舞：

醉后凉风起，吹人舞袖回。

不甘碌碌风尘，不愿平庸终身，希望建功立业，期待风云再起，依然是李白精神层面的追求。他在四处漂泊的状态下，依然在表达自己的梦想，寻找见用于朝廷的机会。他在《自汉阳病酒归寄王明府》中写道：

去岁左迁夜郎道，琉璃砚水长枯槁。
今年敕放巫山阳，蛟龙笔翰生辉光。
圣主还听子虚赋，相如却欲论文章。

他告诉王明府，我李白去年颠沛流离在贬谪夜郎的征途中，自己曾经如琉璃砚水一般的胸中笔墨、粲然才华都枯萎殆尽；今年蒙天恩赦免，从三峡回来，自己蛟龙般腾越飞舞的才华也复归了，手笔起落，光彩熠熠。我现在就是司马相如，也许皇帝要请我汇报《子虚》《上林》二赋，但我却打算跟皇帝讨论治国安邦的大文章。

他在《经乱离后天恩流夜郎忆旧游书怀赠江夏韦太守良宰》中倾诉自己"中夜四五叹，常为大国忧"的情怀，希望江夏太守韦良宰一旦被提拔到朝廷做高官，不要忘记胸怀贾谊之志的李白——"君登凤池去，勿弃贾生才"。

他在《临江王节士歌》中直接表达自己希望做一位雄风猎猎的壮士，背负倚天之剑，斩尽四海长鲸，扫荡安史余孽，赢得天下太平——"壮士愤，雄风生。安得倚天剑，跨海斩长鲸"。

果然，又一个机会来了，宝应元年（762）秋，太尉李光弼率百万大军，出师扫清安史之乱残余势力，平定浙东袁晁之乱。六十二岁的李白闻听消息，仗剑而起，请缨从军，结果走到半道儿，因病而废。他写下了《闻李太尉大举秦兵百万出征东南懦夫请缨冀申一割之用半道病还留别金陵崔侍御十九韵》，李白自我谦称为"懦夫"，希望自己这把铅刀"申一割之用"。古人诗云："铅刀贵一割，梦想骋良图。"铅做的刀，当然没有钢铁锋利耐用，但至少可以砍一下。即使自己是把铅刀，也要在战场上砍一下，刺一次，发挥自己有限的作用，实现远大理想。

从三十岁一入长安干谒公卿、四十二岁应召赴京供奉翰林,到五十一岁北游幽州探访虎穴、五十七岁从璘遇险长流夜郎,再到这次六十二岁请缨从军未果,享年六十三个春秋的李白,一生五次怀着极大的热情参与重大政治军事行动,全部以失败告终。悲哉！憾哉！良可叹焉！

二 明月何曾是两乡

李白的人生道路再向前拓展,已经没有曙光。

人穷则返本,李白对故乡的思念越来越深了。

当年李白仗剑去国辞亲远游的时候,曾写过七绝版《峨眉山月歌》,那是少年壮志与故乡情思交织的清丽、清爽与清俊。而现在,在外漂泊太久的李白,再写《峨眉山月歌》,会怎么样？

上元元年（760）,李白在江夏黄鹤楼前送别一位来自峨眉山的和尚僧晏赴长安,写下了晚年七言古体版的《峨眉山月歌》,全称是《峨眉山月歌送蜀僧晏入中京》:

> 我在巴东三峡时,西看明月忆峨眉。
> 月出峨眉照沧海,与人万里长相随。

> 黄鹤楼前月华白，此中忽见峨眉客。
> 峨眉山月还送君，风吹西到长安陌。

应该说，这首诗的意义脉络是清晰显豁的。首四句，李白回忆自己当年回望峨眉山月离开故乡，而峨眉山月则与自己万里相随。次四句，李白在黄鹤楼的月色中邂逅僧晏，峨眉山月送他从故乡而来，又与清风一起送他到长安城。

> 长安大道横九天，峨眉山月照秦川。
> 黄金狮子乘高座，白玉麈尾谈重玄。
> 我似浮云殢吴越，君逢圣主游丹阙。
> 一振高名满帝都，归时还弄峨眉月。

次四句，想象僧晏入京，峨眉山月也跟着照到了秦川，德厚学高的僧晏得到皇帝赏识，升坐黄金狮子座，手挥白玉麈尾，论道讲经，令人膜拜。末四句，我李白似浮云一般被牵系在吴越，而僧晏您则有幸陪明主优游宫廷；等到僧晏您名满帝都后，记得要回归峨眉玩月啊！

我们注意到，这首诗频繁出现峨眉，差不多每两句就有一次；而且这峨眉山月能行万里、照秦川，在在处处，都有它的存在。这种表达在古代诗歌中是少见的。我想，这种表达就是李白心境的写照，此时此刻的李白，心里、眼里、目下、远方，都是故乡的峨眉山月！可见，李白对故乡的思念之绵长。

在李白的另一首诗中，他的表达就更加直白了：

蜀国曾闻子规鸟，宣城还见杜鹃花。
一叫一回肠一断，三春三月忆三巴。

这首《宣城见杜鹃花》，应该是写于李白已经六十三岁的时候，即将走完人生历程。子规鸟和杜鹃花，暮春时期故乡巴蜀与宣城所共有的风物。他在宣城看到杜鹃花开，听到子规啼叫，自然就想起了自己的故乡；李白的故园之思是如此强烈，以至于听到一声子规啼，看到一次杜鹃花，就会肝肠寸断；故乡回不去了，只能在这宣城的三春三月，低头思故乡，黯然神伤地追忆三巴的一切。

风烟中回望，李白的故乡，在遥远的四川，也在更加遥远的西域。按照学术界一般共识，李白出生于西域碎叶（今吉尔吉斯斯坦的托克马克），五岁随父迁徙到绵州昌明（今四川江油）。回顾李白一生的诗文创作，也总是以特别的方式呈现着他对西域的特有情结。晚年创作的《天马歌》，从"天马来出月支窟，背为虎文龙翼骨"写起，一方面以千里马自喻自许，一方面关联着丰富多彩的西域文化。

李白诗歌中一再表达自己对西域乡关的怀念。"明月出天山，苍茫云海间"，从生活体验的角度展示了李白的早期记忆；"寄书白鹦鹉，西海慰离居"，"乡关眇安西，流浪将何之"，则明确地强调了李白思念中渺远的故乡在西海、在安西、在西域。

不仅如此，李白还往往以自喻的意象寄托对西域故乡的难舍情结。李白好以凤、鹏自喻，在失意时，李白往往或自比孤凤，或自比天马。他以孤凤自况时，梦寐以求的归所则是西海："凤鸟鸣西海，欲集无珍木"，"孤凤向西海，飞鸿辞北溟"。李白在人生困顿中的这种选择暗含着内心深处对远方的遥不可及的乡关的思念，似乎只有在精神上重返故里才能得到心灵的抚慰。孤凤渴望飞返西海，天马渴望千里驰驱。

遥远的西域无法返回，西域的风物却可以在大唐的中原与江南流行，让李白一解思念之苦。我们以纵贯李白一生的饮酒诗为例，来展现一下李白的西域情结。

  蒲萄酒，金叵罗，吴姬十五细马驮。

            ——《对酒》

第十二章 太白余风激万世

兰陵美酒郁金香,玉碗盛来琥珀光。
但使主人能醉客,不知何处是他乡。

——《客中作》

鲁酒若琥珀,汶鱼紫锦鳞。

——《酬中都小吏携斗酒双鱼于逆旅见赠》

五陵年少金市东,银鞍白马度春风。
落花踏尽游何处?笑入胡姬酒肆中。

——《少年行二首》其二

何处可为别?长安青绮门。
胡姬招素手,延客醉金樽。

——《送裴十八图南归嵩山二首》其一

李白以激赏与迷狂的态度接受西域风物,并在饮酒诗中洋溢着自然舒张的人性之美和浪漫放达的风情之美,畅快地表达着其强烈的西域情结。李白把饮酒作为一种特殊的人生享受,要细细讲究酒之色香、容酒之器、佐酒之乐、侑酒之人等等,西域文化的元素自然就体现在这些细节上。其中最典型的是葡萄酒、夜光杯、金叵罗、琥珀色、郁金香，以及当垆卖酒又能歌善舞的胡姬。

李白正是把这些西域文化的因素一一拿来，融入自己的诗篇，完成了一首首荟萃西域酒俗文化的醉歌。在这醉歌中，李白手捧着来自于阗的玉碗或出自粟特人的金质小巧的酒器叵罗，畅饮着葡萄美酒，酒色如同温润迷人的琥珀，酒香好似馥郁袭人的郁金香花，在紫髯绿眼的胡儿吹奏的胡乐声中，欣赏着体态婀娜的胡姬婆娑起舞。

这是诗化的生活，最醇厚的美酒、最美丽的酒色、最浓郁的酒香、最名贵的酒盏、最迷人的歌舞、最可爱的胡姬，这每一个完美极致的细节，这些来自西域的富有诗意的因素，跨越巨川大碛，伴随驼铃远音，甚至穿越历史的长河，才汇聚到唐朝文化的大海中并在李白的才情诗笔下飞花溅玉。更重要的是，李白诗中这些细节和因素的"舶来品"天性不仅使其身价倍增，更为饮者营造了充满着幻想的无穷天地，使饮酒过程被浪漫恣纵的风情所淹没，使生活流程洋溢着飞动飘逸无处不在的诗情。

这也是生活化了的诗，诗言心志，诗缘心情，李白发摅心志与心情的诗文也有一泻千里的尽情倾诉，也有呼天抢地的爆发呐喊，但李白更善于将诗情融注到日常生活中，将抽象朦胧、丰富细腻的情感诗意具体化为历历可见、处处可感的生活细节，李白的这些作品，每一篇的主旨不同，但普遍存在的则是人性的自然舒张。美酒固然具有致人陶醉的科学原理，但李白的醉意更多地来自心理的刺激和满足。李白通过享受上述内涵丰富风情浪漫的物质生活来为自己创造一个迷醉幻化的精神空间，在这个自由的空间里，李白可以汪洋恣肆地让自己的人性得到最充分的自然舒张。在这些作品中，最具生活享受的诱惑力和审美享受的吸引力的对象就是西域，李白也以一种积极肯定甚至激赏迷狂的态度接受和展现着西域文化，尽情表达着他溢于言表的西域情结。

三　曾有惊天动地文

对于走到人生尽头的李白来说，故乡肯定是回不去了。那么，又选择哪里作为自己的终老之地？贫病之中，六十二岁的李白来到当涂（今安徽当涂），投靠县令李阳冰。李阳冰是唐代的书法家，是一诺千金的义士，是仁厚慷慨的文人，对李白非常客气，照顾李白无微不至。李阳冰源出赵郡李氏，李白源出陇西李氏。既然都姓李，李白就尊称李阳冰为族叔、从叔。

当年十一月，健康状况越来越糟糕的李白枕上授简，将编集及作序的后事托付给李阳冰，李阳冰非常认真地为李白诗文编集，而且写作《草堂集序》，记录李白的生平事迹，并高度评价李白的诗歌成就。

人生后事交代清楚了，李白还有一件事放心不下——安史之乱还没有完全平息啊。代宗广德元年（763），六十三岁的李白在《游谢氏山亭》诗开篇欣喜地写道"沦老卧江海，再欢天地清"，虽然自己漂泊老病于江海之间，但叛乱平息，天地再清，举国狂欢的场面确实令人欣慰。

天下太平了，李白也可以走了。广德元年冬，李白写下绝笔诗《临路歌》，逝于当涂。

> 大鹏飞兮振八裔，中天摧兮力不济。
> 余风激兮万世，游扶桑兮挂左袂。
> 后人得之传此，仲尼亡兮谁为出涕？

这里有两个特别重要的语汇，一个是大鹏，一个是仲尼。还记得吧，二十来岁的李白在当年《上李邕》诗中表达他的凌云壮志，既提到了《庄子·逍遥游》中的典型意象大鹏，又提到了伟大的圣人孔子。

第十二章 太白余风激万世

> 大鹏一日同风起,扶摇直上九万里。
> 假令风歇时下来,犹能簸却沧溟水。
> 世人见我恒殊调,闻余大言皆冷笑。
> 宣父犹能畏后生,丈夫未可轻年少。

李白一生起起落落,当他在生命的最后一刻留下诗笔的时候,依然写到的是大鹏与仲尼:大鹏振翅而飞,远及八裔四荒,但是无可奈何,在中天摧折跌落下来,但即使是这样一种摧折跌落,大鹏的羽翼振起的风波尚可激荡万世。然而大鹏最终奋力一搏,游扶桑兮挂左袂;我李白此时此刻,走到了人生的终点;仲尼离开人间,让我为他痛哭流涕,徒唤奈何扼腕叹息;那么我李白离开人间,会有谁为我流泪,为我伤心呢?

李白既以大鹏自比,又以孔子自比,在儒与道之间,似乎有些矛盾。

我们从身份识别和思想辨析两方面来看看。

首先,我们看看李白都有哪些身份?

李白是诗人,是大诗人,是伟大的诗人,杜甫说他:"白也诗无敌,飘然思不群。"韩愈说他:"李杜文章在,光焰万丈长。"李白自己说自己:"文窃四海声。"

李白的长安道

李白是旅人，是纵横四海的旅人，是唐代诗人中一生移动最频繁、空间跨度最大、打卡点最多的诗人，他一生好入名山游，长江、黄河南北走，漫游名山大川，遍访通都大邑，为山山水水赋形传神，为名都小城增光添彩。

李白是道士，是受过道箓的在籍道士，盛唐道家第一号人物司马承祯夸他有"仙风道骨，可与神游八极之表"。李白与道教大师元丹丘、胡紫阳等过从甚密。文坛前辈贺知章称李白为谪仙人。

李白是剑客游侠，他年少以侠自任自许，十五好剑术，始终以行侠仗义之风行走天下，"三杯吐然诺，五岳倒为轻"，"事了拂衣去，深藏身与名"。

李白是仕宦，他生前做过翰林供奉，死后被封为左拾遗，担任过朝中官职。

李白更是酒仙翁，他宣称："天若不爱酒，酒星不在天。地若不爱酒，地应无酒泉。天地既爱酒，爱酒不愧天"；杜甫则称誉："李白一斗诗百篇，长安市上酒家眠。"

李白具有如此丰富的身份角色，似乎那个时代一切美好的李白都要追求，有的得到了，有的没实现，有的成功了，有的没成功，但这些经历都已成为李白人生、人格的一部分。李白干谒从政，虽然一败涂地，但不妨李白张扬"使寰区大定，海县清一"的政治情怀；李白游侠从军，虽然长流夜郎，但不妨李白长期保持豪侠勇武气势高昂的精神；李白修仙学道，虽然并未真正归隐，但不妨李白时时葆有着追求自由的洒脱气质；李白的诗歌成为中华民族历史上最典型的诗歌地标，李白的行旅为中国的山川都市赋予了绵延千载的文化意义，李白的豪饮成为中国古代文人诗酒风流的巅峰。政治情怀、豪侠精神、洒脱气质，合成了李白的灵魂；诗歌、行旅、豪饮，合成了李白的血肉；灵与肉的结合，造就了身心世界都丰富多彩璀璨夺目的李白。

龚自珍说：

> 庄、屈实二，不可以并，并之以为心，自白始。儒、仙、侠实三，不可以合，合之以为气，又自白始也。

庄子的洒脱自由，屈原的忠诚执着，是两种不一样的心态，是无法合并的，中国历史上有了李白，就可以庄、屈合一了；儒家的积极进取，仙家的遗世独立，侠客的勇武豪迈，是三种不一样的气质，是无法合并的，中国历史上有了李白，就可以儒、仙、侠合一了。

到了中唐的时候，白居易来凭吊李白的墓冢，写下这样的作品：

> 采石江边李白坟，绕田无限草连云。
>
> 可怜荒垄穷泉骨，曾有惊天动地文。

时光流逝，到了2007年的11月，那是一个萧瑟的寒秋，我陪同恩师薛天纬先生来到马鞍山当涂县青山脚下拜谒太白陵墓。这是我人生首次拜谒太白墓。在太白墓前，我怀着忐忑、敬畏、喜悦、庄重、伤感，各种情感交织在一起的复杂心情，为太白作揖、敬酒，告曰：

> 诗仙太白在上，海滨自君之故乡西域而来，负倚天之剑，怀凌云壮志，携千杯美酒，与君同醉！

后记

我打心眼里、从骨子里喜欢李白，酷爱其人、其诗，激赏其才情、其气质，拜服其格局之阔大、理想之高远。

但真正接触李白研究，是从1992年夏天开始的。在新疆师范大学读大四的我，选修了薛天纬先生的《李白研究》课。我是保送生，哪来哪去，毕业后老老实实回吐鲁番工作就好，不必为就业选择再费心劳神；所以，能心无旁骛地认真听薛老师讲李白，一丝不苟地做笔记，查资料，写结课小论文，以高分向李白和薛老师致敬。当时的笔记，现在还保存在新疆昌吉家里的书橱中。

薛老师的《李白研究》课，带领我走进了李白的世界，更走进了李白研究的世界。薛老师讲课，既重视感悟，也要求功底，更强调学术规范。在薛老师的指导下，我初步知晓了李白研究的文献家底，懂得了李白研究的门径路数，了解了李白研究的最新动态。最重要的是，明白了做研究要有问题意识，要言之有物。薛老师当时以自己的一篇论文《〈梦游天姥吟留别〉诗题诗旨辨》作为案例给我们讲解。清晰地记得，发给我们的论文是油印的，薛老师说如果你们看完没啥用就拿去"覆酱瓿"，一粲！在薛老师的引导下，我大致明白了，这"诗题"之辨更多依赖广博扎实的文献功夫，"诗旨"之辨则更多基于对李白其人其诗的完整性理解。

2000年，我"回炉"读硕士，继续在薛老师门下求教。薛老师赐赠一套巴蜀书社刚刚出版的《李白全集编年注释》（新版），要求我认真阅读。很明显，这是更上层楼的期待。自此，我进入了细读李白的阶段，也了解到安旗先生携房日晰先生、阎琦先生与薛老师进行李集编年的来龙去脉，更关注到诸位先生的李白研究成果。

2003年，在薛老师引领下，我第一次参加中国李白研究会年会，忐忑而惶恐地进入了李白研究的学术圈。2004年，我再入薛门，跟随薛天纬先生在华东师范大学攻读博士，借弟子陪侍导师之机，有更多机会领教前辈风采，聆听学者高见，获知学界动态，李白研究的视野更加开阔；也尝试将自己的浅见形

后记

成论文,陆续发表在学术刊物。

在上海读博士期间,一件"稀世珍宝"让我把李白研究的定位从一个读书人喜欢的学术活动上升到了神圣而光荣的使命传承高度。

2006年5月,薛天纬师自渝赴沪,临行前短信说:"我给你带了个稀世珍宝。"引而不发,令我浮想联翩。到浦东机场迎接薛老师,等候磁悬浮列车时,薛老师从行李箱中取出层层包裹的"稀世珍宝"——一函"古籍",黑色封套上有白色贴标曰"Poems of Li Po"(《李白诗集》),函内有两册上等毛边宣纸印刷的线装书,一是序册,收录作者自序及凡例等,一是正册,收录李白诗歌选集正文。有趣的是,全套书不见一个汉字,是全英文印刷。正册扉页右上角有本书选译者艾龙先生的英文亲笔题赠:"敬赠安旗教授,希望从你的斧正中有所获益。"序册中则夹着一张行云流水般的行楷字条:"天纬贤弟 存念 安旗 敬赠 丙戌春夏之交于渝州南坪。"

原来这是美国学者艾龙先生选译的英文版《李白诗集》,美国肯塔基安菲尔出版社(Anvil Press, Lexington, Kentucky)1983年出版,仅制作了150函。艾龙先生是痴迷于李白研究的美国汉学家。艾龙先生以此译本诚赠安旗先生,是安旗先生重要的私人藏书。2006年5月,薛天纬先生赴渝探望安旗先生,

257

适逢安旗先生年事已高，整理旧物，为家中的藏书安顿去处，觉得这本英译《李白诗集》被置之高阁，未免有些可惜，遂转赠薛天纬先生，并嘱交给一位嗜好太白诗篇又兼通英语的后学，以期薪火相继，光大学问。薛天纬先生回禀安旗先生：海滨堪之。这本稀世珍宝，堪称太师父安旗先生和恩师薛天纬先生赐予我的"青莲秘笈"。小子不敏，何其荣幸！

认真拜读之后，我将心得体会写成了论文《一部印在宣纸上的英译李白诗集——艾龙选译〈李白诗集〉初探》发表，也发愿将安旗先生、薛天纬先生的李白研究更好地继承、赓续，发扬光大。

2015年10月，中国李白研究会年会在西北大学举行，我有幸获赠刚刚由中华书局列入"中国古典文学基本丛书"出版的《李白全集编年笺注》。这是由安旗老师团队自1984年秋冬之际启动的李白集编年注释工作的第三次更新、完善的成果。在长期阅读、使用的基础上，我将自己的收获撰写成近两万字的书评《四美具 二难并——评安旗先生主编〈李白全集编年笺注〉》发表。这个过程中，自己重读李白诗文，揣摩先生们进行编年笺注的良苦用心、绣口锦心和逻辑思路、学术理路，尤其对先生们所强调的"诗内功夫""诗外功夫"有了深刻体会。

2016年11月，薛天纬先生《李白诗解》由中国社会科学出版社出版。在得到薛老师赠书后,我非常认真地通读全书,做好笔记,撰写了书评《李白研究学术史上的标志性成果——评薛天纬〈李白诗解〉》。我认为,薛老师的《李白诗解》对20世纪及本世纪前十年学界诸家著述中涉及李白诗歌的实证性研究以及立足于实证性研究的诗旨阐释的成果做了尽可能全面的检视,广泛汲取各家成果,并融汇自己的研究所得,对所涉及的李白诗歌做了新解读,此书考镜源流,细大不捐,集百家之大成;辨章学术,言之有物,为实证之学问,尽守望之职责,洵为李白研究学术史上具有标志性意义的重要成果。这次的阅读和写作书评过程,也促使自己对李白研究做了更为系统详尽的梳理。

2019年6月27日晚8时10分,安旗先生不幸去世,享年94岁。听闻噩耗,悲不能禁,我写下《安旗师太溘然远去,太白胜旌依旧长扬》纪念太师父安旗先生,其中的一段——"私塾功底,西学影响,军旅生涯,宦海沉浮,浩劫坎坷,文艺研究,大学执教,文博金石,杂学旁收,安旗先生这种传奇经历、丰富阅历和卓越才华都为其后半生的李白研究奠定了极其重要的基础",居然被百度百科编辑到"安旗"词条中,并特别注明"徒孙海滨评"。

就这样,我在李白的世界里陶醉了半生,在李白研究的世界里徜徉了三十二年。自己关于李白的思考,有些写到了论文里，有些则散播在课堂上。

毕业工作后，我也在大学里教古代文学，几乎所有的教学竞赛、讲课比赛、网络公开课，我都因为讲李白而获奖，直到2023年，我在海南大学开设的《李白导读》课获得教育部国家一流课程的殊荣。一路走来，几乎所有的评语里都会有一句"讲课全情投入，现场发挥特别出彩"。其实，这是有原因的。原因之一是像李白作诗一样讲课。课前课后，我可能还会客客气气拘守礼法；一旦开课，那就是我的世界，我要把自己对李白的生命体验、诗意解读以落天走地、飞流直下的方式源源不断地强势输出，倾泻到课堂上，感染学生，感动学生，感发学生，让学生从内心与我、与李白同频共振，心甘情愿、自觉自愿地开始真正喜欢李白，开始阅读感悟李白，开始自主探索，开始与老师互动。原因之二是像李白一样饮酒。只要讲李白，我在随手携带的保温杯里都提前灌装好高质量的美酒，闻之，气息芬芳而无酷烈刺激，四座不察；饮之，则逸兴遄飞，陶然忘机，我心自知；这种状态最接近李白也最接近自己的本真，自己不仅可以把准备好的内容讲得淋漓酣畅，更可能临场激发出灵感和新观点、新思路。这个过程，实在是太享受了！

在大学里讲，在公益讲座里讲，在直播间里讲，都会有各种互动。我逐渐发现，有些朋友对李白的认识可能是模糊不清的，比如李白做的翰林供奉到底是不是官职；有些可能是残缺不全的，比如李白不仅仅是诗人还有很多身份；有些甚至是误会，比如李白是天才就不需要努力了。于是，我就产生了冲动，我们是不是可以把自己热爱的李白、自己了解的李白、自己研究过的李白写出来，把学术界前辈和同行关于李白研究的最新成果也吸纳进来，形成一本小小的李白传呢？

2017年秋冬之际，在安徽马鞍山参加李白诗歌节，我有幸与人民文学出版社李俊老师相识。李俊老师是安徽宣城人，又是安旗先生《李白传》、薛天纬先生《李白诗选》的责任编辑，对李白的研究情况较为了解。在平时的交流中，他也很关注我研究李白的情况，知道我有写作李白传记的计划，因此很早就表示希望由人民文学出版社来出版我的这本小册子。

2023年，书稿完成，初名"李白的诗人之旅"。交稿后，李俊老师审阅了初稿，提出了诸多修改意见，并建议将书名改为"李白的长安道"。我接受了这个建议：李白诗文中多次出现"长安"，也写过"长安大道"，在宣城，他有"却望长安道，空怀恋主情"的诗句！纵观李白的人生心迹，无论他是否身在长安，实际上他常常不免跋涉在精神的"长安道"上。